স্বপ্নতরী

প্রণব চৌধুরী

pencil

ISBN 978-93-5458-749-8

Published in India 2021 by PencilA brand of One Point Six Technologies Pvt. Ltd.

123, Building J2, Shram Seva Premises,

Wadala Truck Terminal, Wadala (E)Mumbai 400037, Maharashtra, INDIA

E connect@thepencilapp.com W www.thepencilapp.com

সমস্ত রকম এডিটিং পি,ডি,এফ পেজ ও ফাইল মেকার -

স্ব- বাক প্রকাশনী

E-mail- bananipatra200@gmail.com

Phone no -9143098660

উৎসর্গ:- আমার আরধ্য দেবতা ও আমার পরম পিতা- ৺শ্রী কমলেশ্বর চৌধুরী নামে আমার প্রথম প্রকাশিত কাব্য গ্রন্থ " স্বপ্নতরী "কাব্যে খানি তাঁর শ্রীচরণে উৎসর্গিত করলাম।

স্মরণে:- আমার জীবনের আদর্শ শিক্ষক- শ্রী রামশঙ্কর সরকার যাঁর শিক্ষনে আজ আমি দুই চারটি কথা লিখার সামর্থ অর্জন করেছি সেই স্বনামধন্য শিক্ষক মহাশয়- শ্রী রামশঙ্কর সরকার মহাশয়কে(পূর্বতণ শিক্ষক মহাশয় ডাঙ্গার হাট উচ্চবিদ্যালয়) সর্বাগ্রে স্মরণ করে আমার প্রথম প্রকাশিত কাব্যগ্রন্থ "স্বপ্নতরী "তাঁর শ্রীচরণে নিবেদন করলাম।

মুখবন্ধ:-

পেন্সিল প্রকাশনা সংস্থার আপ্রাণ প্রয়াসে এবং গোপাল পাত্র মহাশয়ের ঐকান্তিক প্রচেষ্টায় আমার মত এক ক্ষুদ্র নাম গোত্রহীন আগাছার পরিচয় বনস্পতিদের সমাজে পরিচয় পাবে তা কোনোদিন আমি স্বপ্নেও কল্পনা করতে পারি নাই | আমার এই ক্ষুদ্র প্রয়াসকে উৎসাহ ও প্রেরণা জ্ঞাপন করে সুদীর্ঘ বন্ধুর পথকে হয়ত কিছুটা মসৃন করবে তা বলার অপেক্ষা রাখেনা।

সকল পাঠক ও পাঠিকা গনের নিকট আমার সর্নিবন্ধ অনুরোধ এই*স্বপ্নতরী* কবিতার বইখানি আমার প্রথম প্রকাশিত কাব্য গ্রন্থ। এতে সকল কবিতা গুলি প্রায় জীবনমুখী ও বাস্তবধর্মী সময়পোযোগী লিখা।যা পাঠ করে আপনারা অবশ্যই জীবন যন্ত্রনার অভিমুখ ও তার উৎস এবং ভবিষ্যৎ কর্মপন্থা সম্পর্কে অবশ্যই জ্ঞান অর্জন করবেন।আর ও আশা করছি * স্বপ্নতরী* বইটি পাঠান্তে আপনাদের মনে এক অনাবিল অপার্থিব অকৃর্তিম ভালোবাসার চোরাস্রোত আপনাদের শিরা ও ধমণী তে বইতে শুরু করবেই তা বলাবাহুল্য।তাই আশা করব আমার এই ক্ষুদ্র প্রয়াস কে আপনাদের হাতের পরশে *স্বপ্নতরী* ত্বরা করে তার স্বপ্নের দেশে পৌঁছাতে পারে আপনাদের নিয়ে ...

ধন্যবাদান্তে---------

কবি - প্রণব চৌধুরী

কবি পরিচিতি:-

প্রণব চৌধুরী পিতা- ৺ কমলেশ্বর চৌধুরীমাতা-বিজলী চৌধুরী...মাত্র দেড় বৎসর বয়েসে ১৯৬৯ খ্রীঃ বাবা ও মাতার হাত ধরে পূর্ব পাকিস্থান থেকে ভারতে আগমন পার্টিশন করে।পঃ বাংলার দঃদিনাজপুর জেলার কুমারগঞ্জ থানার অন্তর্গত তিন নং জাখিরপুর গ্রাম পঞ্চায়েতের ভোলানাথপুর গ্রামে।ছয় ভাইবোনের সংসারে অতি কষ্টে বিদ্যালয় ও মহাবিদ্যালয় জীবন অতিবাহিত হয় ঐ ভোলানাথ পুর গ্রাম থেকে।তারপর খুবই স্বল্প বেতনের চাকুরী (শিক্ষাবন্ধু) তে যোগদান ২০০৭ খ্রীঃ।

দুঃখকষ্ট যার নিত্যদিনের সঙ্গী, আশার বুক বেঁধেছিল চাকুরী পাবার পর সব কিছু ঠিক হয়ে যাবে।কিন্তু চাকুরীতে যোগদানে দুঃখকষ্ট আরো বেড়ে যায়।

কারন আজও ২০২১ সালে দাঁড়িয়ে স্নাতক ও স্নাতকত্তর ডিগ্রি নিয়েও সল্প বেতনে সংসার টানা দুরহ ... অপরদিকে বোনদের বিবাহ ও আমাদের ছয় ভাইবোনের লেখা পড়ার নিমিত্তে সব জায়গা জমি এমন কি বাড়ির ভিটে ও বিক্রি করতে বাধ্য হয়।বর্তমানে অতিকষ্টে বালুরঘাটে ভাড়া বাড়িতে থেকে মরন বাঁচনে দিন অতিবাহিত হচ্ছে ...

সূচিপত্র:-

58) You

59) The sky

60) If I can do

61) Belive me in pen

৬২) মানুষ কি সকলে হতে পারে

৬৩) কে তুমি মায়াবিনী

৬৪) মুখোশ

৬৫) কালবৈশাখী

৬৬) অখন্ড অবসর

৬৭) এত কাছে থেকেও তুমি নেই

৬৮) তবুও ভালবেসে যাব

৬৯) শ্রেণি বদল নয় দিনবদলের কথা বলুন

৭০) ইতিহাস ও ভূগোল

৭১) শিরদাঁড়া সোজা রেখে বন্ধু

৭২) বেইমান

৭৩) এক দশক ধরে খুঁজে চলেছি

৭৪) একটু সময় দেবে বন্ধু

৭৫) পুরাণকথা আজও বাস্তব

৭৬) তুমি আসবে তো ?

আজ রাখিবন্ধনে নেই কবিগুরু

তারিখ-২২,০৮,২০২১

আজও আছে রাখিবন্ধন নেই শুধু চেতনা।

কবিগুরুর আদর্শ হায় গেছে হারিয়ে ফুরিয়েছে বাসনা।

লর্ড কার্জনরা আজও আছে মাথা তুলে হয়ে কর্ণধার।

ধর্মের ভিত্তি তে আবার করতে চায় বিভাজন এই বাংলার।

এইহালে কার্জনের সংখ্যাধিক্য পুনরায় বিপদের সূচনা।

বাংলার মাঠে ঘাটে কার্জনদের হচ্ছে বেশী চাষ সৌজন্যে প্রেরণ /প্রেরণা।

পবিত্রস্থল মন্দির মসজিদ আবারও যেন হয়েছে আঁতুরঘর।

বাকস্বাধীনতায় প্রতিবাদের কন্ঠরোধ মিডিয়াতে নেই মিডিল যেন তৎপর।

কার্জনদের কর্মতৎপরতায় ভাইয়ের রক্তে ভাই করে স্নান।

বোনেরা আর নেই বোনেতে ভোগ্যপণ্যে রূপান্তরিতে ম্লান।

নেই শুধু গুরুদেব যে শক্তহাতে ধরে হাল অবাধ্য ছাত্র/ছাত্রীদের করবে শাষন

শিক্ষাতে ধরিয়েছে মরিচা শিক্ষকদের পাঠিয়েছে ICUতে শিখাতে পঠন পাঠন।

কাজেই কার্জনদের বাড়বাড়ন্ত প্রেরনাতে কর্ণধারগণ।

বিভাগে করিয়ে বিভাজন গদিতে থাকার করে আয়োজন।

ফিরে এস হে গুরুদেব/কবিগুরু/বিশ্বকবি তোমার আমিয় মাখা বাণী নিয়ে।

জেগে জেগে ঘুমায় যারা ছিটিয়ে দিয়ে অমৃতধারা দেশের পরাণে জীবন দিয়ে।

আমরা কি আজ পরের তরে ?

তারিখ-২১,০৮,২০২১,

পরের জন্য পরমকর্ম পারতপক্ষে পলে পলে করো পরতে পরতে।

কামিনী রায়ের কামনা আজ কক্ষে কক্ষে খুবই কাতর করালে।

সেইদিন সেই সময়ে সতত সদা সর্বদা সদয় ও সচল ছিল সমব্যথী সবাই।

আবহ করেছে আমরণ অনশন আমড়া গাছেতে আম আজ অব্যয়।

পথিকৃৎরা পথের পাথেয় করে পরিসমাপ্ত পরিবেশ তাই পরিশান পয়সায়।

নিজ নিজ নিজস্বতায় নিঙরে নেয় নিজের নামে নহবতে।

বিশ্বাস বিবেক বুদ্ধি বোধহয় হয়েছে বাতুল বিদ্বজনেরা বর্হিজগতে।

রাজার রাজপোষাক আজ রক্তিমে রঙ্গীন রাজপথে ও রঙ্গালয়ে।

রমণ রমণীরা কেমনে টানবে রথের রশি সব রস রসাতলের অন্তরালে।

পরের জন্য সাজিয়ে পারশ পড়শিরা পড়ন্ত বিকেলে সাজিয়ে পশার।

পাপ আজ পবিত্রতার পরকালের পরিশিষ্ট পারদের পরম মান করছে পাচার।

মানুষের মানবতা মরেছে মরমে মহানুবতা মহত্ব আজ মায়াতে মায়াবীনি।

মরুতেও থাকে মরীচিকা মারিচরা আজ ভুবন ময় মারামারিতে মর্দানী।

শখের সভ্যতা আজ শশব্যস্ত শয়তানিতে শাল সেগুনরা শোলাতে।

স্বপ্নের স্বরূপ স্বচক্ষে হয়না স্বাকার স্বনামধন্যদের সে স্বজাতী স্বভাবে।

" পরের কারনে মন দিয়ে বলি,

দেহমন আজ দাও সকলি" ।

সেইগুলি পরিনত হায় আজ প্রবাদে।

মানুষ আমরা আজ অমানুষ নিজেদের ফেলছি গিরিখাতে।

তুঘলকি ও তালিবানিরা আমাদের এখন অস্থি মজ্জায় ?

তারিখ-২০,০৮,২০২১,

ছিঃ ছিঃ,

আজও এই অত্যাধুনিক সভ্যতায় মধ্যযুগীয় বর্বরতা,

নাঃ,

কোনো ভাবেই মানা যায় না।

প্রত্যেক দেশের রাষ্ট্রপ্রধানরা তাদের ট্যুইট বার্তা প্রেরণ করেন,

দেশবাসী ও বিশ্ববাসীর উদ্দেশ্যে।

এমন কি,

অনেক ইসলামিক দেশ গুলিও এর বিরোধীতায়,

ফেসবুক ও অনান্য মিডিয়ায়,

তাঁদের মত পোষন করছে।

আজও এই বাইশ শতকের দ্বিতীয় দশকের আলোকে,

মেয়েদের শুধু পণ্য হিসাবে ভাবা ?

নাঃ নাঃ ছিঃ ছিঃ,

এইটা কতটা অন্যায়,

কতটা গর্হিত,

নাঃ আমি ভাবতেই পারছি না।

আমার দেশে/ রাজ্যে এমনতর হলে আমি,

তাদের কঠোর থেকে কঠোরতম শাস্তি প্রদান করতাম।

সত্যি আমরা মৃত ব্যক্তির শবদেহের উপর এক গোছা,

ফুলের মালা,

দুফোঁটা অশ্রুজল,

আর ?

আমি,

সুমিষ্ট পাঁচমিনিট ভাষণ,

যা মন্ত্রমুগ্ধ হয়ে শ্রোতারা গিলবে,

আর সমবেদনা জানাবে।

কিন্তু যে ব্যক্তিটি তাঁর কর্মযজ্ঞের জন্য,

সেই সরকার কতৃক বার বার,

তাঁকে বন্দী করে কারারুদ্ধ করা হয়,

চালানো হয় শারীরিক অর্বনণীর পাশবিক নির্যাতন,

কিন্তু তাঁরই যদি তিরোধান ঘটে,

তবে ঘটা করে তাঁর গুনকীর্তণে মত্ত হই।

আজ আমরা ইতিহাসের পাগলা রাজা,

বা,

বর্তমানে তালিবানীদের সম্পর্কে যতই গলার,

শিরা ও ধমনীকে স্ফীত করি না কেন,

তোমার দেশে যখন কোনো শিক্ষক সমাজ,

যাঁরা চুক্তিভিত্তিক নিয়োজিত,

বা কৃষক সমাজ,

তাঁদের দীর্ঘদিনের শোষন, বঞ্চনা, স্থায়ীকরণ নিয়ে,

প্রতিবাদ করি,

তখন কেন তাদের উপর এইরূপ অমানুষিক নির্যাতন নেমে আসে ?

যে শিক্ষকরা প্রতিবাদ ও আন্দোলন করে,

যাঁরা কিনা মাসে সাত হাজার বা দশহাজার টাকা পায়,

কেনো তাঁদের প্রতিবাদের ফলস্বরূপ,

তাঁর বাড়ি থেকে পনোরা বা আঠারোশত কিমি দূরে বদলী করা হয় ?

এটা কি তালিবানি বা তুঘলগি সিন্ধান্ত নয় ?

আসলে আমি করলে দোষের নয়,

আমরা করলেই তা অপরাধ।

অথচ জনসামক্ষে আমি,

তাদের কর্ম কান্ডকে পঞ্চমুখে নিন্দা করি !

দুর্ভাগ্য আমাদের !

কারন আমাদের অস্থি মজায় স্থায়ীভাবে বাসা বেঁধেছে,

তুঘলগি ও তালিবানী কার্যকলাপগুলি !

স্বাধীনতার ৭৫ তম বর্ষে আমরা সর্বশিক্ষার কর্মীরা

তারিখ-১৫,০৮,২০২১,

দেশ মহাসমারোহে স্বাধীনতার পঁচাত্তর তম বর্ষ উদযাপন করছে,

তোপ দাগিয়ে,

পুষ্প বৃষ্টি করে,

নানা ইভেন্টের মধ্য দিয়ে,

জমকালো অনুষ্ঠানের মধ্য দিয়ে স্মৃতির স্বরণিকাকে স্বরণীয় করে রাখতে।

কাল থেকে আবার দরজায় দরজায় করাঘাত করতে হবে,

আর আমরা যাঁরা সর্বশিক্ষার কর্মী(পার্শ্বশিক্ষক, শিক্ষাবন্ধু স্পেশাল এডুকেটর),

যাঁরা অফিসের কাজ করেও,

দিন মজুরী করি,

বাজারে সবজি বিক্রয় করি,

টিউশন করাই,

তবুও মাসের শেষে ঋনের বোঝা বেড়েই চলে,

তাদের এই আগামী একমাস নাকি কিছু করা যাবে না।

কারন সকাল সাড়ে নটায় camp এ উপস্থিত হতে হবে,

তারপর সকল কর্ম নির্বাপন করে রাত্রি এগারোটা হোক কিম্বা বারোটা,

বাড়ি ফিরতে হবে।

নাঃ এইবার টিফিন ও দেওয়া হবে না!

টাকা ?

গতবারের টাকাই এখনো পাই নি ,

শুনেছি নাকি গত বারের পাঁচশত টাকা এর মধ্যে দেওয়া হবে।

এখন প্রশ্ন হলো ?

এই একমাস এঁরা কি অভুক্ত থেকে কাজ করবে ?

বাড়িতে বৃদ্ধ বাবা, মা, স্ত্রী পুত্র পরিবার কে কি বন্ধক রাখবে ?

মাসে যে সাড়ে সাত হাজার টাকা পাই তা সাড়ে সাতদিন ও চলে না ,

তাহলে আমরা কি অতিমানব ?

নাকি কোনো দেবদ্যুত ?

হাওয়া খেয়ে ফুলে ফেঁপে উড়ে উড়ে কাজ করব ?

এইরূপ হাজার ও সমস্যার কথা কেউ ভাবে না ?

উর্দ্ধতম কতৃপক্ষের নিকট বিনম্র অনুরোধ,

আমাদের এই জলন্ত সমস্যাটি কে কৃপা দৃষ্টিতে দেখবার অনুরোধ করছি।

স্বাধীনতা তুমি কার ?

তারিখ-১৪,০৮,২০২১

স্বাধীনতা তুমি কার ?

সর্বসাধারনের ?

নাকি মুষ্টিমেয় কয়েক জনের ?

যারা তোমাকে কুক্ষিগত করে রাখতে চায় ?

জানি এর উত্তর হয়ত তুমি দিতে পারবে না,

তোমার পক্ষে দেওয়াও সম্ভাব নয়।

তাই নয় কি ?

তুমি শত সহশ্র স্বপ্নের ফসল,

যাঁরা বন্ধুর জমির নল খাগড়া পরিষ্কার করে,

সমতলে রূপ প্রদান করল,

যাঁরা সেই ভূমিকে রীতিমত কর্ষণ করে ধান্যরোপনের উপযোগী করল,

যাঁরা ধান্য রোপন করে দেখভাল করে,

তোমাকে পরিপক্ক সোনালী রূপে আনিত করল,

নাকি রাতের অন্ধকারে চুপিসারে তোমাকে তস্করের ন্যায় তোমাকে নিজ আলয়ে আনীত করে, তাদের আলয়কে আলোকিত করল তাদের ?

স্বপ্নতরী

যে স্বপ্নকে স্বম্বল করে আপামর ভারতবাসী তাঁদের জীবনকে উৎসর্গিত করল,

তাঁদের স্বপ্নকে খান খান করে,

ষড়যন্ত্রের জাল বিস্তার করে,

যে মহাজননায়ক আজও ভারতবাসীর অন্তরস্থলে উজ্জ্বল নক্ষত্রের নায় স্বপ্রভ,

তাঁর স্বকীয়তাকে ফাইলবন্দী করে হিম ঘরে রেখে দিল তাদের ?

স্বাধীনতা তুমি কার ?

যে র্নিলজ ইংরেজগণ ভারত মাতাকে প্রতিনিয়ত প্রতি পলে পলে,

শোষিত, পদদলিত, নিষ্পেশিত করে তোমাকে লাঞ্ছিত কররার প্রতিশোধে,

অপ্রতিরোধ্য অগ্নি প্রজ্বলিত করে নিজেদের প্রাণ আহুতি দিয়ে,

তোমাকে সশরীরে শৃঙ্খলিত কারা থেকে মুক্ত করার অভিপ্রায়ে,

"করার ওই লোই কপাট"

ধূলিসাৎ করেছিল,

তাদের ঐ মহতী কর্মযজ্ঞের কথা তুমি,

বেমালুম ভুলে গেলে স্বাধীনতা ?

আজ তোমাকে" আলালের ঘরের দুলাল না দুলালী",

বলব ভেবে পাচ্ছিনা !

তোমার সকল স্নেহ, মায়া, মমতা, ভালোবাসা, আর্শীবাদ সকল কি তাদের জন্য রক্ষিত ?

আমরা কি তোমার সন্তান নই ?

আজও কেন আমরা অভুক্ত থাকি ?

আজও কেন আমরা বেকারের জ্বালায় প্রতিনিয়ত,

জটর জ্বালা জল পানে নিবৃত করতে হয় ?

আজও কেন মায়েদের বোবা কান্নায় অশ্রুসিক্ত হয় রাজপথ ?

আজও কেন যৌবন রাস্তায় রাস্তায় চিৎকার করে,

ভাত দাও,

বাঁচতে দাও আমরাও মানুষ,

আমাদের ও বাঁচার অধিকার আছে ?

আজও কেন পথশিশুরা নোংরা ঘাটে এক মুঠো ভাতের আশায় ?

উত্তর দিতে পারবে স্বাধীনতা ?

কোনো জবাব আছে তোমার নিকট ?

কেন তুমি এত কাছে থেকেও অনেক দূরে

তারিখ-১১,০৮,২০২১,

কত কাছে থেকেও তুমি কত দূরে করছ অবস্থান।

মনের মন মন্দিরের মর্মস্থলের মর্মর মুর্তি করেছি প্রতিস্থাপন।

শ্বাসের শ্বা-শ্বা ঘাতে স্বস্তিতে থাকো তুমি স্বভূমে স্বমহিমায়।

সর্বাঙ্গ শরীরে সতেজ করো শিহরণ শিরাতে ডাকে বান সাড়াতে সাজায়।

ধমনীতে ধৌত ধূলা ধারণে ধরণী ধাপে ধাপে ধবধবে ধবলগিরির আলয়।

নিকটের নৈকট্যে নিজেতে নিপুঁণ তবুও নিতে পারিনা নিভৃতে নিরালায়।

এক পশলা বৃষ্টি

তাং-১১,০৮,২০২১

কৃষক আমরা কৃষি কাজে কেমনে করতে হয় কর্ষণ কাচলাতে(উঁচু জমি)।

প্রভাকরের প্রভার প্রভাব পরতে পরতে পড়িয়া তথায় প্রসার প্রকারন্তে।

জমির জমিনে ছিলনা জল জায়গায় জায়গায় ছিল খুব জল্পনা।

বর্ষার বারিপাতে বর্ষাবরনে বর্হিগমনের বৈভবে ব্যস্ত ব্যক্ততে বাসনা।

চাষা আমরা চর্তিত চর্চার চাল চলনের চালচিত্রে চর্বনে চার্বাক।

ক্ষেত্র দেখিনি খতিয়ে খতিয়ে কোথাও আছে নাকি খয় খামতিতে খাস।

ইপ্সিত ইচ্ছার ইশারা ইঙ্গিতে ঈষাণের ঈষানীতে হয় নি ইতিহাস।

আলের(জমির সীমানা) অদ্ধসমাপ্ত অদ্ধখন্ড ছিঁড়া হয়নি বন্ধন।

আনন্দে হয়ে আপ্লুত আবেগঘন আবহে আমরা করেছিলাম আবাহন।

বীজতলাতে বিছন(ধানের চারা) বপন করেছিলাম বাসমতি।

স্বর্ণার চেয়ে অনেকগুনে ছিল স্বর্ণালী স্বাদেগন্ধে স্বমহিমায় ছিল সম্মতি।

বর্ষার বর্ষনে বর্ণে বর্ণে বর্ণীল আমরা চাষা সব বিছন বহনে বহুত।

অবাকে হয়ে অভিভূত এবং আশ্চর্য একবিন্দু ও অপ নেই অযুতে অযুত।

সকল জল সহজে হয় সহাজিয়া ছিঁড়া(ভাঙ্গা আল) শুকনো সেথাতে।

ব্যর্থমনরথে আমরা চাষা বসিয়া পড়ি স্বপ্নে দিয়ে বাঁশ।

কবে কখন কেমনে আসিবে আবার এক পশলা বৃষ্টি আমরা চাষা কাতরে কাতর।

আজও দেখি ঔরাঙ্গজেব কে

তাং-০৯,০৮,২০২১

আজও দেখি ঔরাঙ্গজেবকে মসনদ পাবার আশে।

কি ভাবে দারাশিকো, সুজা ও মুরাদ কে হত্যা করে পূর্ণ করে অভিলাষে।

ধর্মান্ধতার জিগির তুলে দিয়ে সুরসুরি টলমল সিংহাশনকে মেরে হাতুরি।

জিজিয়া কর আরও নিস্পেষন দাক্ষিনাত্যও করবে জয় দিয়ে চাতুরি।

শিবাজী এখনও আছে জীবিত পার্বত্য মুষিক তাইতো মনে ভয়।

ঘাঁটি নাকি গাঁড়বে আজ থেকে নিয়ে লটবহর মনে করি করী কিন্তু হয় না হয়।

পাগলের ও মাতালের কান্ড কারখানা

তারিখ-২৭,০৬,২০২১,

এক মাতাল রাস্তা দিয়ে নিজ খেয়ালে,

উচ্চস্বরে নিজ খেয়ালে ইংরেজী বকতে বকতে নিজ ভবন ভেবে,

অন্য এক প্রতিবেশীর দরজায় করাঘাত করে,

তখন প্রায় রাত্রি সাড়ে বারোটা হবে।

বলে-

"এ্যাঁ- ই - দ- র- জা- খো- ল"

কি -হ-লো- রে- ?

শু-ন- তে-পা-চ্ছি-স- নাঁ, ?"

ঐ দবজায় প্রতিরাত্রে একটি পাগল শুয়ে থাকে,

তার উপর মাতালের পা পড়াতেই,

সে চিৎকার করে বলে ওঠে-

" তুঁ-ই-আঁ-বা-র- কোঁ-থা- থেঁ-কে - আঁ-র্বি-ভা- ব - হ- লি- চাঁ-দু?

যঁ-ত-স-ব-পাঁ-গ-ল-রা- এঁ-ই-রা- ত

বি- রে- তে-ঝাঁ- মে- লা- পাঁ-কা-য় ?"

আর অপর দিকে মাতাল তো বলেই চলেছে-

"কিঁ-রে- ব্যাঁ টা ?

ঘুঁ-মি-য়ে- প- ড়- লে- নাঁ- কি ?

যঁ- ত- সঁ-ব-মাঁ- তা-লে- র

দঁ- র-বা-র-এঁ-ই-খাঁ- নে" ।

পাগল তো-

চোখ কঁচলিয়ে উঠেই তার হাতে কাঁমড় দিয়ে মার দৌড়,

বলে-

শাঁ-লা- পাঁ-গ-ল

আঁ-র- জাঁ-য়-গাঁ-পেঁ-লো- না,

আঁ-মা-র- বাঁ-ড়ি-তেঁ-ই........!

মাতালো তার পিছন পিছন দৌঁড়াতে লাগল,

আর বলতে লাগল-

"শোঁ- ন- দঁ-র- জা-শোঁ- ন"

তুঁ-মি- দৌঁ-ড়ে-পাঁ-লা- লে

আঁ-মি- কোঁ-ন-দিঁ-ক-দিঁ-য়ে

বাঁ-ড়ি-তে- ঢুঁ-ক- বোঁ........?!

সত্যি আজ আমরা সকলেই সেই পর্যায়ে চলে গিয়েছি,

আমরা সকলেই BA(Hon) বা MA

আবার কেউ-কেউ- নাকি শুনেছি WBCS ডিগ্রিধারী।

জানতাম চন্দন বৃক্ষ কে,

কর্ণাটিক থেকে নিয়ে এসে আমাদের এইখানে প্রথিত করলে সুবাস টি থাকে না,

কিন্তু সে ক্যাকটাসে পরিবর্তিত হয় না।

কমলাকেও দার্জিলিং থেকে এখানে রোপণ করলে সে কাগজি লেবুতে পরিনত হয় আবহাওয়ার জন্য,

কিন্তু সে বিষময় ধুতরা তে পরিনত হয় না।

এই আমাদের চারিত্রিক গুনাবলী !

আর what App বিপ্লব !

যার মধ্য দিয়ে আমরা অবস্থার পরিবর্তন করব,

সত্যি সেলুকাস-

" অবাক দেশ তার অবাক জাতী" !

ইতিহাসের কালো অধ্যায়

তারিখ-১৭,০৬,২০২১

ইতিহাসের ইতিবৃত্তে ইতরের ইতরামির ইশারায়।

ইত্যবসরে ইশাণে ইত্যাদিতেও হয়না ইতি ইমারতের ইট হায়!

আধুনিকের আধুনিকতা আদীমতায় আসীনে আরঙ্গজেব।

আমরা আপমর অশণিতে আসঞ্ছিত অনিকেত।

মধ্যযুগীয় মাতলামি মধ্যে মধ্যে ময়ালের মাতন।

মোদের মোরা হয়েছি মৃত মাজিয়া ও হয়না মশৃণ মোম।

রাজারনীতি রাজনীতি আজ রণেতে রথী মহারথী।

রাম রাজত্বেও ছিল রাবণ রণেতে হয়নি রাম রাবণের পরিনতি।

আজ কিন্তু আবহ অসম্ভব অপরিমিত অহংকারে।

আসরে আবার আদীমতার হয়না অন্ত আধুনিকের আভার আতরে।

কঠিনের করাল কামড়ে কায়া কেমনে করিবে কর্ষন।

কালো অধ্যায়ের কালীমার কত কাহিনী হয়েছে কখন।

বিবেক তবুও বলে বিশুদ্ধ বইতো বলয়ে।

বিষের বাঁশি বাজে বায়ুতে বিষবৃক্ষের বাস বৃহৎ আলয়ে।

পৃথিকৃৎরা যদি পথে করে পাপ পথিক তব পারে কি করতে পরিণয়?

পথের পাথেয় তবে থাকবে কি পড়িয়া হবে পরিচয়?

ভূগোল তুমি হবে না ভূপতিত ভুলে যাবে না ভবিষ্যৎ।

ভুবন আবারও ভবনে ভবনে ভাসিয়া দেবে ভুলের খেসারত।

ইতিহাস তুমি টানবে ইতি ইশারায়।

ঈশান কোনের ঈশাণীতে ইত্যাদিতে যেন কোনো আর না কাজ হয়।

রাজ দরবারের একাল ও সেকাল

তারিখ-০৪,০৮,২০২১,

দরবারে দারস্থ হত দল বেঁধে দরদী রাজা / রাণী দরদ দিয়ে দেখত দলিল।

দিল দরিয়া রাজা / রাণী করত দস্তখত দমিত করতে দহন হত সাবলীল।

সেইযুগে সেই সময়ের সমকালীন সম্রার্ট ছিল সহৃদয়বান।

সযত্নে শুনত সব অভিযোগ শেষে সমাধানে করত সাধিত ও সাবধান|

নির্বাচিত হতনা তাঁরা নয়ত স্বেচ্ছাচারী নতুনত্বের নবীণতায় নির্ণয় হত নিধি।

নিশিদিন নিবারনে নিজেকে করত নিবেদন নিরালায় র্নিজনে নির্মাণে নিয়ম বিধি|

প্রজার প্রয়োজনে নিবেদিত প্রাণ পরতে পরতে পরাক্রমী করত পর উপকার।

প্রজাবৎসলতায় পৃথীশ পারত পক্ষে হত না পরান্মুখ করতনা পরিহার।

কিন্তু কেমনে কিভাবে কালের কালচক্রের করাল কামড়ে।

কিস্কিন্ধা কামরূপের করোতোয়া কাবেরীতে কলকল আজ আর্তের কাতরে।

প্রতিশ্রুতিতে প্রতিশ্রুতিবদ্ধ পুরধা পথিকৃৎগন পর্যায়ে পর্যায়ে কাটেন পরিখা।

প্রতিনিয়ত প্রতিদিন হয় প্রতিধ্বনিত প্রতিকারের প্রতিবাবে প্রতিবাদীরা।

বিভিন্ন বলয়ের বেষ্টিত বীরগন শুনেননা তাদের বাদানুবাদ কারন বিশিষ্ট ব্যক্তি
।

বহু ব্যাথা বেদনা গুমরে মরে বৈষম্যের বিষমতে কারন আমরা বস্তিবাসী।

অন্নে অপূর্ণতা আলয়ে আলয়ে আশার আলোতে অশ্রাব্য আগ্রাসন।

আমরা কৃষক, আমরা শিক্ষক অসামান্য পরিশ্রমে পাইনা অর্থ করে অবমনন।

প্রতিশ্রুতিতে নির্বাচিত পরেতে হয় না পরাগমিলন।

পরিমলেতে পরিশুদ্ধতা তো দূর অস্ত পরিশানে পরিমন্ডল।

ভালোর ভালো যদি আমি আমার ভাবের ভুবনে।

ভুন্ডলে ভস্মের ভয় কেন তবে ভীম রথীদের বেষ্টনে।

আসলে আমরা নেই আমাদের আমি কিন্তু আপনে আসন।

অপরাধে, অপথে, অবাধে করছি অসৎকর্ম অগোচরে করছি অপহরণ।

প্রেরণা

তাং-০১,০৮,২০২১

প্রেরণাতে প্রেরিত প্রেরণ কচি দুইটি পত্রে বিকশিত পর্ব হয়েছিল পর্যায়ণ।

পরবর্ত্তীতে পবনের প্রচন্ড প্রবাহে হয়ে পর্যুদস্ত পারদেতে হয় প্রতিফলন।

তবুও তথায় সেই ছোট্ট মেয়েটির তালুকে তর্পণে তাপীয় তপনে।

তনুতে তাহার পড়েনি তকমা তিলে তিলে করছে সে তাল নিজস্ব তপোবনে।

উচ্চাকাঙ্খায় উৎজ্জিবিত প্রেরণা করে উচ্চশির যত উপদ্রব করে উচ্ছন্ন।

উপবনের উপহারে হয়ে উদার নয় তো উদাসীন লক্ষ্য উপরে হয়েছে উৎপন্ন।

কঠোর পরিশ্রমে কায়মনবাক্যে কাঙ্খিত কামনার কপোল করতলে।

কালের করাল কামড় কাটতে পারেনি করতে কঠিন এই কমল কোমলে।

অদম্য মনভাবে অতি অল্প সময়কালে অতন্দ্র আত্মবিশ্বাসে।

অর্ণবের আবহে সে হবে আসীন আসমানেতে আসিয়া প্রতি আলয়ে।

নামের মর্যাদা নামাঙ্কিত হবে নভে নতুন করে নিবে তাকে এই নভোতল।

নজিরবীহিনে সে হবে নধরে নক্ষত্র নমিত করবে সব নর নারী হবে না নিস্ফল।

বলয়

তারিখ-৩১,০৭,২০২১

বন বন করে ঘুরচ্ছে বসুন্ধরা বলয়ের বোতামে বসিয়ে।

ব্যস্ততায় বসন হয় যদিও বাসি বিলক্ষণে বুঝিবে বিধি বেঁধেছে বাঁধিয়ে।

আবাহমান আবহে হয়েছে আসীন অনুহুত অতিথি।

আলোড়ন আসন্ন ! আহ্বানে আধমরা আমরা অতীব অতীতের স্মৃতি।

শুনেছি শনির বলয়ে শুন্যতে শুরু বৃহস্পতির সৌভাগ্যের সোপান।

শুকতারা আজ শুক সারি শুনিয়ে হয় শ্রাব্য শেষে শ্রুতিতে শয়তান।

উচ্চ বলয়ের উচ্চতা উঁচিয়ে উঁচিয়ে উচ্ছ্বাসে উচ্ছন্নে উদাসিনে উধাও।

উড়ে গুড়ে উড়ন্ত উল্লুক উড়ে এসে জুড়ে বসে উপরন্তুতে উচ্চাকাঙ্খাও।

বলয়ের বশে বসুধাও বেগুন বক্ষে নিয়ে বিস্তর ব্যাথা।

বিকেল বেলায় বিকিয়ে বিকায় বিবেক বুদ্ধির ব্যর্থতা।

কালের করাল কালে কালিমা আজ কি সুন্দর কাদম্বরী।

কখনও কভুও কোথাও করেনি কেউ কর্ণ কুন্তি সংবাদে কস্তুরি।

মর্জ্জা আজ গিয়াছে মজিয়া মন মরেছে মরমের মৌবনে।

মাতিয়া মাতিয়া মজলিসে মাতন মানুষের মানবতা মাখিয়ে ময়দার মাখনে।

বলয়ের বিস্তার ব্যাপকে ব্যাপক বায়ু বয় বিদীর্ণ বিষাণে।

বর্তমানের বস্তু বস্তুত আজ বকলমে বকুলদের বিবেক বুদ্ধি তবুও ব্যাবধানে।

অন্যায় আইন আজ অকল্পনিয়রা অসীন আসনের আসরে অলিন্দে।

আমরা আপমর অবাকে অবাক অর্ণবের আকাশ আজি অপরাধী অবাধে

অনিয়ম আজ নিয়ম

তারিখ-২৮,০৭,২০২১,

অনিয়মই আজ অজ্ঞাতসারে সকলের অণুপ্রেরণা।

আবহ আজ আসন্নে আসীন অপরিনত আগুন্তককে জানায় অর্ভ্যথনা।

নিয়মনীতির বেড়াজালকে নিয়ম করে নিত্য নিত্য ন্যায় নীতিকে ফেলেছে নীচে
।

নিষ্ঠাবাণেরা আজ নিয়মিত নির্বোধের ন্যায় নিশিদিনের নিমিত্তে।

পরীক্ষায় পরীক্ষিত না হয়ে তুমি প্রকৃত পরীক্ষার্থী।

পরম পাওয়া পাও তুমি পরমেশ্বরের প্রসাদে প্রকৃতরা পরবাসী।

ধনতন্ত্রে ধনীব্যক্তিরা ধন্য ধান্যে ধ্বনিত হয়ে ধনের বিমিময়ে।

ধারন করে হয় ধন্য প্রকৃতরা মরনাপন্ন ধেয়ে ধেয়ে হয় ধাবিত যোগ্যব্যক্তিরা ধূলায়ে।

স্বপ্নতরী

সতেরো সালের সাত সতেরোতে নিমন্ত্রিত ছিল যে সকল যাঁরা।

একুশের একুশে আইনে একমাত্র হবে একলব্য প্রবেশ পত্র পাবে এঁরা।

বাস্তবের বাস্তবতার বস্তুত হয়েছে বদল অনিমন্ত্রিত রাই বাজায় বাঁশি নিমন্ত্রিতদের বেড়া।

যোগ্যতার ভিত্তিতে হয়না যোগ্যতা নির্নয় যোগ্যরা যজ্ঞে নির্বাপণ|

অনাহুত অযোগ্য আগুন্তুকরা অর্থপ্রদানে হয় অপারে অপরূপে পায় আসন।

প্রতিক্ষেত্রে প্রতিবার প্রতিটি পুস্তুকের পৃষ্টায় পৃষ্ঠায় প্রতিলিপি তাদেরই প্রতিষ্ঠিত হয়।

পুঁথি আজ নেই পুস্তকে প্রতিবাদীরা আজ গলিত পারদের পরম পলের পর্যায়।

কবিগুরুর কল্পণায় কল্পিত কলমে নেই কালি কাগজে আঁকেনা কিছু।

বিদ্যাসাগরের বিদ্যাতে আজ বিদ্যমান বিষের বিদ্বেষ বিদ্যা বীলিনে বিন্দু।

অনিময় আজ অনিমেষ তুমি অন্তরে অন্তরে কর অবস্থান।

নিয়েমের নীতি আজ ন্যায়হীনতায় নীতিহীন নিত্য নিত্য নিলয়ে নিলাম।

তোমাকে তো বলেছিলাম

(চতুর্দশপদী, আমিত্রাক্ষর ছন্দে)

তারিখ-১৫,০৭,২০২১,

তবো উদ্দেশ্যে স্বতপ্রনোদিতে প্রেয়সী
করেছিলাম উল্লেখিত আক্ষেপে তবো
রুদ্ধ বাতায়ণ করে উন্মুত বিরলে
প্রবেশান্তে প্রাতবায়ু সতেজে সব
হইবেক নির্মল প্রানভরে নিশ্বাস
নির্গত করতে তবো এই ভূমে।
উপদেশে উপদেশিত তুমি ত - বু-ও
পুবের প্রাণবন্ত সতেজ বায়ুকেও
করেছিলে রুদ্ধ করোনি উন্মোচনেও
সামিল; মনের মন মন্দিরের পর্দা,
বিগ্রহের প্রাণন্তকর প্রচেষ্টা তুমি
করেছো বিফল কোন নতুন ভক্তের
আগমন হেতু ? বুঝতে না পারি তব
লীলা, হৃদয়াঙ্গনের লীলাক্ষেত্রে।

কেনো আজ মনে হয় সব নকলনবিশে ভরা পৃথিবী

তারিখ-০৩,০৭,২০২১

কেনো আজ মনের অন্দরমহলে কান পাতলেই শোনা যায়,

তাদের ফিসফিসানি কন্ঠস্বর,

কিরে অমল ?

কেমন করে তুই আজ স্বনামধন্য হাসপাতালের ডাক্তার ? !

আরে আলিম তুই ?

কেনো,

আমাকে এই হাসপাতালের ডাক্তার বলে মনে হচ্ছে না ?

আশ্চর্য ও বিশ্বয়ের চোখে আলিম বলল,

তা নয় বন্ধু,

তা নয় ?

ত---- বে----!

কেমন কেমন লাগছে।

অমল বলে কেনো কেনো ?

একসঙ্গে তো পড়াশুনা করেছি,

শৈশবকাল একই সঙ্গে কেটেছে তো ?

তাই ভাবছি,

রুগীদের কি করুণ দশা হবে ?

মুচকি হেসে অমল বলে,

আরে আলিম,

যেদিন আমি তোর স্কুলে আমার মেয়েকে ভর্তি করাতে গিয়েছিলাম,

সেইদিন তোকে দেখে আমারও তাই মনে হয়েছিল,

মেয়ে টিকে কি জলে ফেলে দিয়ে আসলাম !

এক গুচ্ছ মোটা টাকার বিনিময়ে !

আলিম আর কিছু না বলতে পেরে,

অমলের হাত জড়িয়ে ধরে বলল,

থাক আর বলতে হবে না বন্ধু,

কিন্তু তুই আমায় বল,

এই মই(সিঁড়ি) তুই কোথায় পেলি ?

আমিও তাহলে---------!

তা তোর দ্বারা হত না আলিম,

সাতভাই বোনের সংসার তোদের,

আর কাকুর ঐ টিভির দোকান,

আর বড় জোড় পাঁচ বিঘে জমি দিয়ে,

এত টাকা খরচা করে কংক্রিটের সিঁড়ি বানিয়ে,

নামী হাসপাতালের চৌদ্দতলায় এসে ডাক্তারি করা

কাকুর পক্ষে অসম্ভব ছিল।

অল্প টাকায় মই জোগাড় করে স্কুলে পৌঁছেছিস,

সেই অনেক।

অমল বলে দিপালীর খবর জানিস ?

সেই যে মেয়ে টি ফান্টা দিয়ে স্কুলে আসত,

রামবাবু প্রতিদিন তাকে ও তোকে,

কান ধরে ব্রেঞ্চ এর উপর দাঁড়াতে বলত পড়া করতে পারতিস না বলে,

ওঃ হ্যাঁ,

মনে পড়েছে কি হয়েছে ওর ?

কি হয়েছে শুনবি ?

তার বাবা তো,

M.C নাকি M. L.J ছিল,

তাই লিফট্ কিনে দিয়েছিল তাকে,

সে এখন কমিশনার না D.I.G হয়েছে ঠিক বলতে পারছি না।

চোখ কপালে তুলে আলিম বলে,

ওরে বাবা রে,

ঐ মেয়ে তার এই Rank(পদ) !

স্বপ্নতরী

দীর্ঘশ্বাস ছেড়ে আলিম বলে হজরতের কথা মনে আছে তোর ?

মনে থাকবে না আবার ?

ক্লাসে বরাবরই সে ফাষ্ট হত,

আর প্রতিদিন টিফিনে,

আমরা তাকে আমাদের টিফিন ভাগ করে দিতাম,

কেনো কি খবর তার ?

বড় দুঃখ হয়রে অমল তার দিকে তাকালে,

বেচারা !

সে এখন হকারি করে,

গ্রামে, গ্রামে,

আর সকল সন্ধ্যা টিউশন !

কি করবি বল ?

ভাগ্যের কি করুণ পরিহাস !

তবে অমল বলে,

আমি আমার মেয়েকে তার নিকট টিউশন দেবো,

আলিম বলে আমার ছেলেকে তো সেই পড়ায় !

তুমি আছো অনুভবে

তারিখ-২৫,০৭,২০২১

অনুভবে আছো তুমি অন্তরের অন্তরীণে।

আবেগের আকারে অহরাত্রো করো অবস্থান অন্তরালের আসমানে।

দীপ্তি তোমার দিগন্ত পেরিয়ে দশ দিকের দ্বিগবিজয়ে।

দারুন ভাবে জ্বালিয়ে দ্বীপশিখা দৃপ্তকণ্ঠে করবে দরমুশ দমনে দাপিয়ে।

চেতনার চিন্তনে চৌচির চলন্তিকা তবুও চৌশারে কেনো চালো চাল ?।

চলারপথে চালচিত্রে চেয়ে দেখো কেমনে চতুররা চালায় চক্রবাল।

অনুভূতির অনুভবে হয়ে আসীন আমরা আসলে অপরিনততে।

অনুপ্রেরনায় হয়ে অনুপ্রানিত অসম্ভবে অদ্ধসমাপ্ত থাকে অপূর্ন অসহযোগের আলোকে।

দিশাহীনে দিবানিশি দিব্য দৃষ্টিতে দেখে দর্পণে অনুভূতি ও অনুভবের অবস্থান।

দামালের দলকে দাওয়া হবে দাদন দূরদর্শিতাতে হতে দূর্লভ করতে প্রমান।

বিবেক বিকায় বাজারে বুদ্ধির দোকানে বলে ব্যস্ত সময়।

বস্তাতে বোঝাই হয় বমাল বিলক্ষনে বিকেলে বহনে বসের বাসায়।

অনুভবের অনুভূতি চেতনার চিন্তা শুধুই যদি অন্তরালে করে অবস্থান।

অনুভব তুমি যতই হওনা অনুপম আলস্যে আজ তুমি অকর্মন্য বর্তমান।

মন মন্দিরের মানসপটে মুর্তিতে করে মাল্য প্রদান।

মাঠে ময়দানে মরনাপন্ন কেন তুমি মাতিয়ে জাগাও মাতনে ময়দান।

দৃষ্টির দৃশ্যে কেনো শুধু হয় দৃশ্যত দানবের দন্ড দাপিয়া বেড়ায় দশদিক।

প্রতিভা কেন হয় প্রতারিত প্রান্তরের প্রান্তে প্রান্তে চাও প্রতিকার প্রান্তিক।

শিরাতে জাগাও শিহরণ শিশমহলকে করে দাও শেষ।

ধমনী তুমি ধুরন্ধর করো ধৌত ধূলাবালি সব ধারনে ধবের ধরিত্রী বেশ।

পর্দার পরিসীমা পরিসমাপ্ত করে প্রবেশ করো বাস্তবের পরিবেশে।

তবেই তুমি অনুভব রইবে অনুভুতিতে তোমার তুমিত্বে তুমি পরিশেষে।

কল্পজগতের কাদম্বরী

তারিখ-১১,০৭,২০২১

কাঙ্খিত কামনার কাব্যে কখন কবে হয়েছিল কুলষিত ?

কমলে কামীণি তুমি কঙ্কণা কেমনে করো কসরতে কল্পিত।

বাস্তবের বাস্তবতার নিরিখে বস্তুত বয়সসন্ধির বেলায়।

বৈবভে বকুল করোনা বাসনা বৈকেলে প্রভাতের বায়ু সেবায়।

ভালোবাসার ভাবনায় ভুবনে ভরে ও ভাসিয়ে দেয় ভবন।

স্বপ্নতরী

ভুলের ভুলভুলিয়াতে ভুলেতে করলে ভুল ভবের ভাবেতে ভাঙ্গন।

প্রিয়তম মম তোমার পরশে পিপাসু মন পিঞ্জরে পিত্তেসে পিষিয়া পাষাণ।

পারো যদি প্রাণে পশিতে পলে পলে তবে প্রকৃত প্রতিষ্ঠিত পরাণ।

কল্পজগতের কল্পনায় করে কব্যিকতা কেনো তবে করো কাদম্বরী ?

কাঠফাঁটা কঠিনের কড়াল কামড়ে কখন কায়াতে করেছো কর্ষণ কস্তুরী ?

তোমার তুমিত্বে ভালো তুমি তবো মানসে তপ্ত হৃদয়ের তালুকে।

তোমায় তুষিবারে পৃথিবীর তণু তন্ময় তৃপ্তিতে তৃপ্ত করো তাহালে।

কতবার কতকাল থেকে কখনও কোথাও করোনি কোনো কথা।

কথাই যদি না থাকে কথাতে কেমন হবে কাব্য কবিতায় কলকাতা|

মনের মানসে মানসী তুমি মন মন্দিরের মর্মর মুর্তি।

মানবের মাঝারে এসে করো মন্থন মৌবনকে রাখো মাতিয়ে মালতি।

অপেক্ষায় থাকবে পৃথিবী অনন্তকাল ব্যাপি তোমার আবাহনে।

অক্ষরে অক্ষরে করবে পালন প্রতিশ্রুতি হবেনা অন্যায় অবিচার আত্মকথনে।

আমরা আধুনিকে না আদীমতায় ?

তারিখ-৩১,০৫,২০২১,

আধুনিকতার আদলে আমরা কি আধুনিক ?

অসম আবহে নাকি আমরা অবলীলাক্রমে আদীমতায় অমানসিক ?

গুহাবাসীতে গুমরে গুমরে গুমর গড়িয়ে যেত গলিতে।

গুমোটাবস্থায় হত গন্তব্য গহীন অরণ্যে গমনের গতি হত গলতিতে।

ইশারায় ইচ্ছা প্রকাশ ইত্যাদিতে ইতি হত ইশারার ইঙ্গিত ইতিতে।

আদীমতার আর্শিবাদ অন্তে আদম তবুও হত আদমী অতিরঞ্জিততে।

আধুনিকতা কিন্তু হায়! অবলীলাক্রমে অবেলায় অস্তে আসীন আদতে।

কঠিনের করাল কামড় কখনও কপটচারিতায় হত না কদাচিৎ।

বর্তমানে বস্তুত বহুলাংশে হয়েছে বর্দ্ধিত বিষয় বিধাতা বন্ধ করেছে বাতচিৎ।

আধুনিকতার আবহে জ্বলে আগুন আমজনতা অধীরে অস্থির।

আধুনিকতার নামে আদিমতা আনে অশান্ত আবহ হাওয়া ও আদম আজ ফেটে চৌচির।

সেইযুগে সেইকালে সবাই সকলের সম্পর্কছিল সম্পুরক।

একে অপরে একযোগের একতায় একসুত্রে গ্রথিতহত একতান নয় তো একক।

কিন্তু আজ ?

রাস্তায় রঞ্জিত রাজপথ রক্তে রাঙানো রমণ ও রমণী রতাক্ত রঙমহল।

আধুনিকের আধুনিকতায় অধম অগ্রজ ওঅনুজের আর্তচিৎকারে আসমুদ্রহিমাচল।

কপটচারীতার কৃপাণ কেমনে কায়াকে করে দেয় কোতল ঘোর কলিতে।

বর্তমানে বিলাস ব্যাসনে ব্যবহার হয়েছে বখাটে বসের কথায় হয় ওঠতে বসিতে।

মানুষ তখন ছিল মানব ওগো মরমে ছিল মনের মায়া মমতা।

মানুষের বর্ম মাখিয়ে গায়ে আজ হয়েছি মানবতাহীন হারিয়েছি মহানুভবতা।

কতকাল আর ?

তারিখ-২৯,০৫,২০২১,

কতকাল আর কেমনে কক্ষে করিব কালপাত।

কালের আমোঘ কালক্ষেপে করছি নাতো কেয়ামত।

মতের মতানৈক্য ও মতপার্থক্য হইবেই মন্বান্তরে মন্বান্তর।

মদিরাতে কেউ মাখায় মহল মনের মন্দিরের মুর্তিকেও মুষলধর।

স্বপ্নতরী

খবরি লালের খবর অনুসারে খসড়া ক্ষয়ে যায়।

খাস খবর আবার খয় ক্ষতির খাতিয়ানে খামতি করে হায়!

এমনিকরে এইসময়েতে একলব্যরা একলা একান্তে এমনভাবে।

এ বি সি তে এবার এক্কেবারে এসবেতে একে একে একা একান্তরে।

বিশ্বয়ে হই বিস্মিত এই বিশ্বমাঝারে কেমনে বিকারগ্রস্থ হয় বাদল|

বিধানের বিধি তবে কেমনে বামে হবে বিনয়ী এই বিদেশ বিভুঁইয়ে বদল ?

সময়তো নেই সময়ে সমকাজে নেই সমতা শুধু হও সমবেতো।

সুদিনের স্বপ্নে স্বপ্নিল শরীর নেই সশরীরে সকাল সকলে শত শত।

তাই তো তোমায় তখন করি তৎদ্বির তমসাঘন তপোবনে।

কতকাল আর করাল কামড়ে কাতরাব মোরা কখন কপাট খুলব কেমন ?

দিশাহীন আজ দশদিক দিকে দিকে দিগপালরা আজ হয়েছে দীপান্তর।

দরিয়ার গহিন দহে দাপিয়ে দেয় দাপট দানব দমনেতে দুস্কর।

রামবাবু তো নাহি রহে রাঢ়ে রহিমভাই তো রইবে না রঙ্গালয়ে।

আমরা আপামর অসময়ে হবো কি অমর এই আবহের আঙ্গিনার আলয়ে ?

ঈশ্বর তুমি ইশারা করতেও করো ইঙ্গিত ইত্যবসরে ইতি ঈমান|

সৃষ্টি তোমার সৃজনে পুনরায় হবে কি সরস ও সবুজ হবে কি সকলে সমান ?

উপায় নেই

তাং-২২,০৫,২০২১

উপায়অন্ত না দেখে উপেন উসুল করবে বলে উবে দিল উনুনে।

উৎপল তো উভয়সংকটে ঊনিশে উন ঊষার উর্নিষেতে এই উপবনে।

শের কি শার্দুল নাকি শিম্পাঞ্জি শেরপুরে নাকি শিবতলিতে শীতলে শব।

জলের জলৌকা কেন তবে আনব জাল্পনায় জনে জনে যখন উঠেছিল রব।

মরেছি যখন এই ময়দানে মনের মন মন্দিরে কেনো তবে অন্য মলয়।

রক্তচোষা তো রক্ত ই চুষবে আবারও রাঙাবে রাজপথ তবুও তো বিলম্বিত লয়!

শতদলের শতরঞ্চে কেন সকলে সময়ান্তে হইব শব যতই শতরুপরা সমবেত হয়।

জন্ম যখন এই জঙ্গলে জংলীর জ্বালাতনের জ্বলনে জ্বলি।

সহ্যতো সবাইর এক প্রকার গা সওয়া সহনশীলতা তো হয়েছে পাঁঠাবলী।

এককোপে এক সেকেন্ডে এক থেকে দুই একতা আজ একা।

পঙ্কজ তুমি তো পারলেনা পরাতে পরম পিতাও তো পরিত্যক্ত পোঁকা।

বিছাতুর বনে তারই বিষে আমরা বিষময় যতই বিমলরা বলুক বিশল্যকরলী।

ফ্যানভাতের ফ্যানেতে ফসিল মোরা ফ্রাইরাইস যতই করুক ফ্রাই মোরা ফণীতেই ফজলী।

মননেই মনেতে তবুও মনপাখি মরমে মরিয়া যায়।

উপায়ান্ত না দেখে উপার্জন উনুনে দেয় উবে উপেন উসুল করবে বলে হায়!

আমার প্রিয় কিশোর কবি

তারিখ-১৫,০৫,২০২১

কিশোর কালে কৈশরে কেমনে তোমার কবিতায়।

প্রতিষ্ঠিত প্রথিতযশাদের প্রতিষ্ঠাকে প্রায় করেছিলে পরাজয় ।

রাণারে তোমার রণ হুঙ্কারে অনেক রথী রণ থেকে যায় রমণে।

ভালোখাবারে ভালোর ভালোদের দেখিয়েছিলে ভিলা ও ভ্রমনে।

পূর্ণিমার চাঁদকে করেছো পূর্ণ পুনরায় উদর পূর্তিতে।

তাল তমাল তরুরাজি কে তটস্থ করেছিলে তুমি নত তনুতে।

শিশুর শৈববকে করতে সুস্থ করেছিলে তুমি শপথ।

তুমি যদি প্রিয় কবি আর কিছুক্ষন থাকতে তোমার তুমিত্বে তোমারই হত জগৎ
।

প্রখর প্রকৃতি

তারিখ-১৩,০৫,২০২১

প্রকৃতির প্রখরতায় প্রকটে পৃথিবীর পরিধীর পরিসীমাতে প্রজ্জ্বাল,

সবুজের সজীবতা শিবরাত্রির সলতের সম সত্যের সাততাল।

পথিকৃৎদের পৌরহিত্যে পথের পাথেয় পরিসমাপ্তির পথে পদতলে,

তরুণের তারুণ্যের তেজ তথায় স্তিমিত তরু তমালে।

নবীণ নওজোয়ান নেই নাভোতলে নবীয়ায়নের নেই নতুনত্ব,

কোমল কমলের কলি কঠোরে কঠিন কায়াতে কর্দমাক্ত।

আহ্বানে আমরা অধীর অবণীতে অণুসরনে অণুধাবনে অণুতপ্ত।

আজি এই ১৪২৮ এর পূন্য প্রাতে

তাং-১৫,০৪,২০২১,

আজি এই পূন্য প্রাতে
হে বৈশাখ,
অনন্দঘন করে তোলো
বাঁজিয়ে তব মঙ্গলশাঁক।
নবারূনের নতুন প্রাতে
নব কিরণ সম্পাতে,
বিদূরিত হোক যত সব
অশুভের অশনিসংকেতে।
প্রাণজ্জ্বল হয়ে উঠুক প্রতিটি
গৃহকোন ও পৃথিবী,
চিত্রপটে প্রতিষ্ঠিত হোক
প্রকৃত প্রতিচ্ছবি।
তৎজ্জন্য হে বৈশাখ তুমি
নিয়োগ করো নিপুঁন শিল্পী,
কারুকার্যে ও ভাষ্করে যেন
হয় খুঁদিত তাজমহল রূপী।
সৌরাকাশে উজ্জ্বলতম নক্ষত্র

ধ্রুবতারার ন্যায়,

শান্তির ললিত বাণী দিবে ছড়িয়ে

প্রকাশ যেন শুভ্রতায় ছায়।

নববর্ষের নতুন এই প্রাতে

করি কামনা তোমার কাছে,

শুভময় করো সবকিছু তোমার

ঐ মঙ্গল কর পরশে,

নবরুপা হোক নতুন মেদিনী

সকলে করি বাস মনের হরষে।

স্বাগত তোমায়

তাং-১৪,০৪,২০২,

কঠিনের কঠোরতম আবহে করি করমর্দন তোমায় কোমল কমলে,
পরশে তোমার হোক সব পরাভূত হোক পরিমল সাজুক পরিবেশ পশারে।
ফুলে ফুলে ফুলিয়া ফাঁপিয়া উঠুক ফাগুন ফুরসৎ যেন না হয় ফুরুৎ,
আগমনে তব হোক আসমান আকাশি সমস্ত আলয় আনন্দে হোক আপ্লুত।

বৈশাখ তোমার বৈপ্লবিক বায়ুতে বাতায়ণে বর্ষিত হোক বিসুদ্ধ বলয়,
নবারুণের নতুনপ্রাতে নবীণদের নবায়ণে হোক নব নভ নিশিদিনে শান্ত নিলয়।

দুঃশাষনের দাম্ভিকতা দমনে দমিত করে দুঃখ, দ্বিচারিতার,দ্বেষ হোক দুর্বল,
আনন্দঘন আবহে আবার আসুক ফিরে অমোঘ আনন্দ বৃদ্ধাবণিত আবাল।

রন্ধ্রে রন্ধ্রে রবে না আর রন্ধ্রকূপ রতির রসে টানবে রাশ,
বিশ্বাস তার বিশ্বাসযোগ্যতায় হবে বিস্তৃত বিজ্ঞানে বিদ্যানে করবে বাস।

জাতীরদাঙ্গা আর হবে না জাতীগত জন্ম নেবে জাতক জীবনের জন্য,

দেশের দলিলে দন্ডকদের দস্তখতে হবে না দাখিলে দূর্নাম তৎজ্জন্য।

কি বৈশাখ পারবে না তুমি ?

সবকিছু ধুয়েমুছে করে দিতে পরিস্কার ?

মুচকি হেসে বলে বৈশাখ,

কাঁচামাল তো একই থাকল,

শিল্পজাত মাল কতটা হবে উন্নত,

আলাদা কোম্পানীতে ভবিষ্যৎ সে কথা বলবে না হয়।

ইতি নব শুভবর্ষের শুভেচ্ছা

প্রচ্ছায়ার প্রতিশ্রুতি

তাং-০৫,০২,২০২১

প্রচ্ছায়াদের প্রতিশ্রুতি পুরণ আর প্রেত্নীনিদের প্রলাপ দুই-ই সমান।

ছায়াদের ছবি আজ শুধুই ছায়াছবি ছাতায় শত ছিদ্র রোদ বৃষ্টিতে পরিসান।

নন্দীভিঙ্গীরা আবার দৃষ্টিনন্দিত নয়নে নধরে নতুন ধানে করবে নাকি নবান্ন।

অশরীরিরা আজ খুবই অশান্ত আবহে দেয় আগাম আগমনী না হয় যেন অপরাহ্ন।

মানুষরা আজ ম্রিয়মান মানবে মানতে তোমাকে হবেই মননে।

আদিমতা আজ আসলেই আসীন আধুনিকতার আদলের আহ্বানে।

দায়ী কে ?

তাং-২৮,০৯,২০২০

নাঃ আর পারছিনা,

এই সংসারের হাল টানাতে।

ছেলেটি আমার খারাপ ছিল না , ওর বয়সি ছেলেরা যাঁরা এক সংগে পড়ত তারা আজ কেউ সিমলা কেউ ব্যাঙ্গালোর ডাক্তারি বা ইঞ্জিনিয়ারিং পড়তে গিয়েছে।

অথচ তাদের চেয়ে আমার ছেলের শত গুনে রেজাল্ট ভালো।

না, আমি পারি নাই |

কারন আমি শিক্ষাবন্ধুর চাকরি করি।

তার জীবনের সুন্দর সময়টি আমি নিজের হাতে হত্যা করছি।

দুই চোখে হতাশার ছাপ সত্তেও সে এখন বাড়ি থেকে নিজের কেরিয়ার নষ্ট করে সংসারের ঘানি টানতে টিউশনি করে বেরাচ্ছে।

কারন তার বাবা একজন শিক্ষাবন্ধু।

একদিন আমার মেয়ে তণয়া ক্লাস নাইনে পড়ে সে ,

স্কুল থেকে ফিরে এসে প্রায় রুদ্ধশ্বাসে দৌড়াতে দৌড়াতে মাকে জিজ্ঞাষা করে,

মা, ও মা বাবা কোথায় ?

তার মা সবে মাত্র বাজার থেকে ফিরেছে সবজি বিক্রি করে ,

কেন ?

জানিস না তুই ?

তোর বাবা এই সময়ে কোথায় থাকে ?

ওই তো অফিসে গিয়েছে আজ হেঁটে।

কাল তোর বাবার সাইকেল টি চাকা নষ্ট হয়ে গিয়েছে।

সেই সকালে বেরিয়ে গিয়েছে মানুষটা, .

ফিরার পথে দুইটো টিউশন করে তবে রাত্রি দশটায় বাড়ি ফিরবে।

তা,

কি হয়েছে বল ?

বাবাকে খোঁজ করছিস কেন ?

তুমি জানো মা ?

মনে আছে সারমিন এর কথা ?

যখন প্রাইমারীতে একসংগে পড়তাম তখন কোনো বার আমার সংগে পরীক্ষায় পেরে উঠত না।

সে তো জানি ,

মা বলে।

আজ অনেক দিনপর তার সংগে দেখা।

সে নাকি শহরে কোন স্কুলে পড়ে।

মুখ দিয়ে ইংরাজীর খৈ ফুটছে মা।

আমিও ভর্তি হব সেখানে মা ?

তাই বাবাকে খুঁজছি।

দীর্ঘশ্বাস ফেলে মা বলে ,

তোর বাবা কি পারবে ?

সে তো শিক্ষাবন্ধুর চাকরি করে !

বৃদ্ধ মা ও বাবা দুই জনে গল্প করছিল পাশের ঘরে।

মা বলে তোমার বুকের ব্যাথাটা আবার বেশী হয়েছে তাই না ?

কাল রাত্রিতে তো ঘুমোতে পারোনি।

বাবা বলে তুমিও তো হাঁটুর ব্যাথায় গোটা রাত কাতরাচ্ছিলে।

প্রণব জিজ্ঞাষা করলে বলবে,

না বাবা আমরা ভালোই আছি।

দেখছো তো ছেলেটা সকাল থেকে কি ভাবে খেটেই

চলেছে।

সকালে কোনদিন পান্তাভাত কোনদিন ফ্যানভাত খেয়ে সেই রাত্রি দশটায় ফেরে ছেলেটি।

মা বলে সত্যি তাই।

কিসের একটা চাকরি করে লোকে বলে তো সরকারী।

তার সংসারের এই হাল।

বাবা বলে শুনছিলাম শিক্ষাবন্ধুর নাকি চাকরি করে।

আচ্ছা বলুন তো এর জন্য দায়ী কে ?

জীবনের মূল সময়টা এইখানে কেটে গেল ?

না করতে পারল বাড়ী।

না করতে পারল ছেলে মেয়ে কে মানুষ।

না করতে পারল বাবা মায়ের দেখভাল।

দায়ী কে ?

বলতে পারেন ?

বিশ্বাস

তাং-১৩,০৯,২০২০,

বিশ্বাস আজ বিপথে বিশ্বস্ততার বিশ্বাস হয়েছে বিলীন।

সমূলে সেথায় হয়েছে কুঠারাঘাত সবিশেষে সর্বনাশে সামিল।

দিকে দিকে সব দিকভ্রষ্ট দিগন্তের দিগচক্রবালে দিবস অতিশয় দীন।

নিশির নিশা নিয়মকরে করে নিমন্ত্রণ নিপাতযাক নীড় নিয়তী আজ নীতিহীন।

ভালোবাসি যারে ভুবনে কেন ভগবান ভাগিয়ে দেয়

করে ভুন্ডুল।

হৃদয়াকাশে হৃদয়াঙ্গম করেছি তারে হৃদমাঝারের মুক্তাঙ্গনের শঙ্খচিল।

চোখেতে নেই চোখ চশমাও আর সেই চর্মে চালায় না দৃষ্টি।

আননে আননে হয় না আসান আসেনা আবেগ আমার আমিতে যেন অপুষ্টি।

তুমিও তোমাতে পারবে থাকতে কি তথায় তুমি তমসাচ্ছন্ন তরণীতে ?

কান্ডারী যখন করাল কামড়ে কাতর কিভাবে করবে কভার কালাপাণিকে ?

মুন তুমি থেকো না মৌন মুখরতায় হও মুখর মায়াজালে মন্থনকর মায়াকানন।

পৃথিবী তবেই পৃর্থী পথে পথে বসবে পশার পরাবে বিশ্বাসমাল্য করতে স্বপ্ন পূরণ।

বিশ্বাস নইলে হারাবে শ্বাস বিস্তুর এই বিশ্বভুবনে বিকাশ বিকাশে হবে বিষ।

অবস্থান কর তুমি অমিয় অমৃত রূপে আবার আসিবে অবণী নিয়ে কোকিলের শিষ্।

অব্যক্ত

তাং-২০,১১,২০২০

অব্যক্ত অনভিজ্ঞতা অজ্ঞতার অন্ধকারে অভিশপ্ত অভিসার অসমাপ্ত সংলাপ অন্তরের অভ্যন্তরে অভিলাষ যখন অসম্পুন্যতায় অভুক্ত,

অনাহারে অলক অলকারা অখুশিতে অব্যর্থ নিশানার অদূরে অসহায় অবস্থায় করে অবলোকনে অবস্থান,

তখন তুমি ওগো আমিয়া কেন কর অপরাধ ?

অমিয় অমৃতের ফল্গুধারা আঝোরে হবে কি বর্ষন এই অর্ণবে অবিরাম ?

অব্যক্তের অধরা অন্তরেই হোক অতল সমাধী,

অতণু বোধহয় তাই করেছিল অণুধাবন অন্তরার অন্তরে অন্তরে অবিচল অবশেষে ?

তাইনা অণু ?

কতদিন কতকাল কবে কখন কোথায় কে বা কাহারে কইছিল,

কথা কও না কেন কাশিম ?

কাফনের কাপড় কপালে বেঁধেছো তো ?

কফিনের শেষ কাঁটাটি এখনও পোতা হয়নি কি

কেয়া ?

কেয়ামত তো আসন্ন,

এতদিন না হয় কেরাম খেলে কৈশর কাল করলে কালান্তর,

কিন্তু আর কতকাল ?

পরিশুদ্ধতা যখন পরিশেষে পালিয়ে যায় পরাণ নিয়ে পতিতালয়ে,

নিরাপদ আশ্রয়স্থলে,

পরিবেশের পরিচ্ছন্নতা নিয়ে প্রকারে প্রকারে ওঠে প্রশ্ন ?

পরশুরামের কুঠার পারেনা পশিতে প্রাণে,

তখন তুমি ?

তোমার তুমিত্বে থাকতে পারবে তো ?

অযথা অব্যক্ত কে কেন ব্যক্ত করার অব্যর্থ প্রয়াসকে ব্যর্থ করেছো আবহমান কালধরে ?

অব্যক্ত আজ কি অপ্রতিরুদ্ধ ?

অবলা তুমি অবলাই থেকে গেলে অনন্তকাল !

পূর্ণিমা রাতে

তারিখ-২১,৯৬,২০২১

পূর্ণ পূর্ণিমার বিভাবরীতে পূরবী প্রতিশ্রুতি করেছিলে প্রদান।
প্রেমের পশরা পুরনের পরিনতি পরিণয়ে রাখবে প্রমাণ।

তুমিতো তোমাতে তৎক্ষনাৎ দিয়েছিলে তোমার তসবির।
তাতে তথায় তমাল তলে তিলোত্তমায় তুমি তকদির।

অনুরাগের হয়নি অবসর আসন্ন আগাম অনুভুতি।
আবহও করেছিল আগমন অপার আবেগে অপনিহিতি।

রজনীর রজকীনি তুমি রঙে রঙে রাঙ্গিয়ে রঙমহল।
রম্ভারও রূপকে করেছিলে রুপক রুপান্তরিত রোষানল।

মনেপড়ে কি মানসী ? মনের মন মন্দিরে বেঁধেছিলে মরমেতে।
মলয় মেতেছিল মাতনে মায়াকাননের ময়দানেতে।

স্বপ্ন কেন স্বপ্ননেই স্বপ্ননীল স্বভূমে কেনো হলোনা স্বাকার ?
স্বমহিমায় কেনো স্বতস্ফুর্ত হয়ে স্বপ্ন করল না স্বাক্ষরে সাবাড়।

একদিকে ভুঁরি ভোজ অপর দিকে তবিলের খোঁজ

তাং-১৬,০৬,২০২১

" কথায় কথায় যে কত কথা কথন কাহীনি হয়ে যায়" ।

যম জামাই ভাগিনা জানি জগতে নয়কো আপন জানিবে নিশ্চয় ।

যার জন্য জামাইষষ্ঠী জগতে জমিয়া ওঠে ।

দাও শুধু দাও করো দান তবুও দরিয়ার দহ দমনের দহন নাহি ঘটে ।

শশব্যস্ত শ্বশুর শ্বাশুরী সকাল থেকে সব কার্য করে সমাপন।

আনো ঐটা আসেটি মাংস, দই মিষ্টি, আম, আনারস সাজানো হয় নি আসন ।

বাবাজীবনের তো বিদ্ব্যানের বাহাদুরির ব্যপ্তি বহুত বিস্তুর ।

আপ্যায়নের আয়োজনে যেন না হয় অর্ধসমাপ্ত অণুতে আসর ।

অন্যদিকে করতে অনন্য শ্বশুরের তবিল চায় ত্রান ।

মেয়ের জন্যই জামাইয়ের মান সেই মেয়ের নেই পরিত্রান ।

যুগ যুগান্তের যুগে যুগে পুরুষ শাষিত সমাজে যবে যবে ।

তাদেরকেই কেন্দ্র করে হয় তর্পণ তামাশা তণয়ারা কেন তাপীয় তাপে ?

বাবু সেজে বাহাদুরি বহুত হয়েছে এখন বিদায় বেলা ।

মেয়েরা কেন মাতিয়ে থাকবে কাজে মানিয়ে হবে মৌন কবে হবে শুরু মুখরিত হবার পালা ।

ইতিহাসের কালো অধ্যায়

তারিখ-১৭,০৬,২০২১

ইতিহাসের ইতিবৃত্তে ইতরের ইতরামির ইশারায়।

ইত্যবসরে ইশাণে ইত্যাদিতেও হয়না ইতি ইমারতের ইট হায়!

আধুনিকের আধুনিকতা আদীমতায় আসীনে আরঙ্গজেব।

আমরা আপমর অশণিতে আসজ্ঞিত অনিকেত।

মধ্যযুগীয় মাতলামি মধ্যে মধ্যে ময়ালের মাতন।

মোদের মোরা হয়েছি মৃত মাজিয়া ও হয়না মশৃণ মোম।

রাজারনীতি রাজনীতি আজ রণেতে রথী মহারথী।

রাম রাজত্বেও ছিল রাবণ রণেতে হয়নি রাম রাবণের পরিনতি।

আজ কিন্তু আবহ অসম্ভব অপরিমিত অহংকারে।

আসরে আবার আদীমতার হয়না অন্ত আধুনিকের আভার আতরে।

কঠিনের করাল কামড়ে কায়া কেমনে করিবে কর্ষন।

কালো অধ্যায়ের কালীমার কত কাহিনী হয়েছে কখন।

বিবেক তবুও বলে বিশুদ্ধ বইতো বলয়ে।

বিষের বাঁশি বাজে বায়ুতে বিষবৃক্ষের বাস বৃহৎ আলয়ে।

পৃথিকৃৎরা যদি পথে করে পাপ পথিক তব পারে কি করতে পরিণয়?

পথের পাথেয় তবে থাকবে কি পড়িয়া হবে পরিচয়?

ভূগোল তুমি হবে না ভূপতিত ভুলে যাবে না ভবিষ্যৎ।

ভুবন আবারও ভবনে ভবনে ভাসিয়া দেবে ভুলের খেসারত।

ইতিহাস তুমি টানবে ইতি ইশারায়।

ঈশান কোনের ঈশাণীতে ইত্যাদিতে যেন কোনো আর না কাজ হয়।

আজ ও মনে পড়ে

তারিখ-৮,০৬,২০২১

আজ এই অশান্ত আবহে আবির আজও অম্লান অসীম ও অসামান্য অবদানে

আমরা তাই অপেক্ষীয়মান আজও তোমার আগমন হইবেই আসলে।

হয়ত এইবার হারিয়ে হরনে হয় নি হাসিল যতটা হয়েছো হয়রাণির হ-য-ব-র-ল

হামামদিস্তা কিন্তু নিচ্ছে হাজিরা হলফনামাতে হপ্তায় হত্যার হপ্তা হালফিল।

সেইদিনের সেই সখা- সখী সকলে সকাল সকালে দেয় ফাঁকি সেখানেতে।

আভরণ আজ হয়েছে আচ্ছাদিত অসীমে আদুল অবয়বের আখ্যাণেতে।

বসনের বেশে হয়েছে বশ বাসিতে নে বারণ বাঁশি তবুও বাজে বন বাদারে।

স্মৃতির স্মরণিকার স্মৃতি আজ শ্রাব্য শ্রবণে শ্রবণে শ্রুত হয়ে ফেরে হাট বাজারে

মনে পড়ে-

নীল নীলিমায় নীলাম্বরীতে নিশিদিন নৈশব্দের নিশুতি নির্জনে।

সত্যকামরা স্ব-স্ব সকাশে হত সামিল সকাল সন্ধ্যায় সমবিভ্যাহারে সবখানে।

স্বপ্নতরী

তাপস, তাপসী, তসলিমা, তাহেরদের তাপীয় অবস্থায় তর্পন তরুতলে।

খোসগল্পে খুশিতে খামতি নেই কোথাও খাস খবরে হতনা খয়রাতি পড়তনা খপ্পরের দলে।

মেধাবীরা মেধার পেত মুল্য মাতব্বরা করতনা মাতলামি।

মহিলারা পেত মান মর্যাদা মাঠে ময়দানে মহলে মুর্খরা করতনা মুখরে মুর্খামি।

কৃষকের কর্ষণে কাকভোর কোলাহলে করত কল্লোল।

শ্রমিক মুজুররা সব সময়ে পেত শ্রম শান্তি থাকত স্বস্তিতে সকল।

দাও ফিরে দন্ডে দন্ডে দাম্ভিকরা দমিত হোক দরিয়ার দহনে।

পুনরায় পুনঃপ্রতিষ্ঠিত হোক প্রাণ পরশে হোক প্রেম পরাণে।

যাঁতাকল

তারিখ-০৯,০৬,২০২১,

জাতের যাঁতাকলে যতদিন যেইভাবে যেথায় যেথায়।

পিষেই বনেছি পিষ্ঠক পিঁড়ি পর পিঁড়ি পরিনাম পতিত যে হায়!

কেন্দ্রের কেন্দ্রীকরনকে করে কেন্দ্র কোথাও নেই এই কর্মীদের নাম।

রাজ্যের রাজণ্য বর্গও নেয় রেহাই ঠেলে দিয়ে কেন্দ্রের দলে শেষে শুরু রণ।

আমরা যাঁরা করি আমরণ করি অনশন অসহ্য যন্ত্রনায় অপমানিত।

শিক্ষাবন্ধু, শিক্ষাকর্মী, শিক্ষিত পার্শ্ব শিক্ষকদের শিক্ষা শিকায় আজ শঙ্কিত।

বাড়ে বেতন সকলের বর্দ্ধিত হারে কি স্থায়ী অস্থায়ী।

কেন্দ্র রাজ্যের যাঁতাকলকে করে কেন্দ্র আমরা শিক্ষাবন্ধুরা করি ভিক্ষা বাড়ি বাড়ি।

মোদের মাতা পিতা সন্তান গিয়েছে মরিয়া না খেতে পেয়ে।

অবশিষ্ট আমরা অসুখে ভুগি অল্প অল্প করে যাব মারা অনুপ্রেরনায় অনুপ্রাণিত হয়ে।

বলতে পারেন MA BA করে, করে, কেউ কেউ BEd MED phd করে জুতা সেলাই থেকে চন্ডীপাঠ।

তাঁদের উনুনে জ্বলে না উনান থাকে উপোসে হয় না বাড়িতে ভাত।

আমরা যাঁরা সর্বশিক্ষার কর্মী সকলেরই প্রায় মরনাপন্ন।

রাজ্য বলে দায় কেন্দ্রের, কেন্দ্র বলে দিচ্ছি তো প্রাপ্য টাকা সব কিছু রাজ্যের জন্য।

সাত ভাগের মা পায়না গঁঙ্গা আমাদের অবস্থাও সেইরূপ।

কেউ কেউ তো তোলা খেয়ে বানিয়েছে বহুতল কেউ আবার অনুপ্রেরণায় চুপ।

কত প্রাণ ঝরে গেছে আরও কত যাবে তবে তোমার ভাঙ্গবে মৌনব্রত।

নিজেও তো করেছো স্বীকার পাঁচ সাত হাজারে চলেনা সংসার বাড়াব আমি পারি যত।

যাঁতাকলে সযত্নে পিষিয়া যেমনে যেমতে যিনি / যাঁরা যান যেতে যেতে।

অনুগ্রহ করে করুন অনুগ্রহ অণুপ্রেরণায় অণুপ্রাণিত হব আমরাও যাবো না অন্যমতে।

তবুও

তাং-২৪,০৩,২০২১,

তবুও কোনো হবেনা

প্রতিবাদ,

তবুও কোন নেতা নেত্রী

দেবেনা সাক্ষাৎ।

কঠিনের কঠোরতম
নব সংযোজন,
চিকিৎসকরা বারংবার
করছে বারণ।

দেশ সেবায় উৎগর্গিত প্রাণ
যদি টিকিট না পায়,
ঘর বদল রঙ ও দল বদলের
হিড়িক পরে যায়।

তবুও জনদরদী দেশহিতৈষী গন
জনগনের দুঃখে ওষ্ঠাগত প্রাণ,
ভারতসেবা আশ্রম ও রামকৃষ্ণ মিশন
পদরজ না পান।

বিশ্বে সর্বত্র যেথায় কঠিনের
নব সংস্করণের জন্য,
লকডাউনের পুনরায় দিয়েছে
নিমন্ত্রন।

তবুও হেথায় বৈতরণীর পাড়ে
জটিল জটলা চোখে পড়ে,
যাক প্রাণ, মরে যাক সব জনতা
জনার্দন ভূতনীর চড়ে।

তবুও কুম্ভীরাশ্রু করে বিসর্জন
করব বিগলিত হৃদয়,
সিংহাসনে আমাকে হতেই হবে আসীন
তারপর যা হয়।

তবুও তো খেলা খেলে
হাত পা ভেঙ্গে,
গোল করে জিতবই আমি
মহা চতুরঙ্গে।

দশ- ই যদি না থাকে দেশে
সে কেমন দেশ,?
অগে তো আখের গুছিয়ে রাখি
পরেতে যেমন বেস।

তবুও আমরা থাকি না আমাতে
হইনা তৎপর,
বলি পাঁঠা আমরাই হই
হই তো খবর।

আমজনতাকে করি আহবান হও
সর্তক ও সাবধান,
প্রিয় জনকে দেখবে আসনে যদি
প্রানেতে থাকে প্রাণ।

এসো না এই হোলিতে রঙ দিয়ে রঙ বদলাই

তাং-২৬,০৩,২০২১,

এসো তোমরা সবাই মিলে
রঙ্গীন এই হোলির তালে,
রঙ দিয়ে বদলাই রঙ
সাজাই সেই মতো সঙ।

অনেক তো হলো নীলসাধা
গেরুয়াতে গরু গাধা,
এইবারে দাও রক্ত গোলাপ
বকবে না কেউ মিথ্যে প্রলাপ।

বিজয়ের উৎসব হোলী
দাও সবে হাত তালি,
নতুন রঙে রাঙিয়ে দেহমনে

নজরটি রাখো কিন্তু সর্তপণে।

এমনিতেই কঠিনের আবহ
বাতাবরণ কিন্তু দাবদাহ,
সাধা হলুদ নীলে
মিশ্রণ কিন্তু যাবেই গলে।

তাই তোরা নিয়ে আন
রক্ত গোলাপের আন বাণ,
রাঙ্গীয়ে নে তোরা সব
নবারুণের বিজয় কেতনে করো কলরব।

আয় রে আয় ওরে দামাল
জোড়সে তোলো মাদলের তাল,
ছন্দে ছন্দে তালে তালে
রঙ দিয়ে বদলাও রঙ যা তোরা চলে।

অশুভদের করে বিনাশ
এই দোলে খেলো তরূপের তাস,
বাউন্ডারী ও ওভার বাউন্ডারী তে

ফেলো মাঠের ও পারেতে।

এই হোলি হোক খুশীর হোলি
দোলের দোলায় যেন সকলে একসাথে পথচলি,
আয়রে তোরা ত্বরা করে ওরে নবীনের দল
হোলীর রঙে মতিয়ে রঙ তোরা পথ চল।

স্বাধীনতার প্ল্যাটিনাম জুবলির আলোকে

তারিখ-১৩,০৮,২০২১

ভূমিকা-

" স্বাধীনতার জন্য সবকিছু ত্যাগ করা যায়,
কোনো কিছুর জন্য স্বাধীনতাকে ত্যেজিব না হায় !"

সত্যিই তো স্বাধীনতার জন্য আমরা সব কিছু ত্যাগ করতে পারি,
কিন্তু কোনো কিছুর জন্য স্বাধীনতাকে ত্যাগ করতে পারিনা।
যে কেনো দেশের স্বাধীনতা হলো সেই দেশের সার্বভৌমত্বের প্রতীক,
যাকে আবলোকন করে সমগ্র বিশ্ববাসী সেই দেশ ও জাতীকে চিনতে পারে।

তাই স্বাধীনতা আমাদের প্রত্যেকের জীবনে বয়ে আনে শান্তি ও মান মর্যাদার পালক।

যদি কোন দেশ তার স্বাধীনতাকে হরণ করে,

তবে সেই দেশ ও জাতী যতই উন্নতির চরম শিখরে পর্দাপন করুক না কেন,

তাকে অনন্ত কেউ বীরের জাতী বলে সম্মান প্রর্দশন করে না,

বিশ্ববাসীর আঁখিপাতে সেই দেশ ও জাতী হীনমন্যতার চোখে দৃশ্যত হয়।

ভারতের পরাধীনতার ইতিহাস-

১৭৫৭ খ্রীঃ ২৩ শে জুন মির্জাফরের হাত ধরে পলাসীর প্রান্তরে যে বাংলা তথা ভারতের স্বাধীনতার সূর্য্য অস্তমিত হয়েছিল,

তা উদিত হতে গেলেছিল প্রায় ২০০ শত বছর।

এর মধ্য দিয়ে গঙ্গা ও ব্রহ্মপুত্র দিয়ে অনেক তাজা প্রাণের রক্তে রক্তিম হয়ে উঠেছিল তাদের প্রবাহ,

তবুও থেমে থাকেনি সেই আগুন ঝরানো সংগ্রাম।

অবশেষে ইংরেজগন বাধ্য হয়ে ১৯৪৭ খ্রীঃ ১৫ ই আগষ্ট আমাদের স্বাধীনতা প্রদান করতে বাধ্য করে ভারতমাতার অঙ্গ ছেদনের মধ্য দিয়ে।

স্বাধীনতা আন্দোলনে বীর বিপ্লবী দের ভূমিকা-

স্বাধীনতা আন্দোলনে বাংলা ছিল তার আঁতুর ঘর।

অনেক বীর বিল্পবী তাঁদের জীবন উৎসর্গ করেন এই মহাসংগ্রামে।

তাঁদের মধ্যে উল্লেখ্য হলেন-

ক্ষুদিরাম, প্রফুল্ল চাকী, বিনয় , দীনেশ ,

বাঘা যতীন, গান্ধীবুড়ি, মাষ্টার দা, সর্বপরি জন নায়ক বীর বিপ্লবী নেতাজী প্রমুখ উল্লেখযোগ্য।

ভারতের স্বাধীনতা দিবস উৎযাপনে প্ল্যাটিনাম জুবলী বর্ষের আলোকে-

আজ আমরা ভারতের স্বাধীনতার প্ল্যাটিনাম জুবলী বর্ষ উৎযাপন করতে চলেছি,

তাই মহাসমারোহে দিল্লীর লাল কেল্লা আজ সুসজ্জিত মখমলের চাদরে বা দামী কোনো কার্পেট মোড়কে।

হয়ত বা তোপ দাগিয়ে বীর বিপ্লবীদের সম্মান প্রদর্শিত হবে।

কারন আমরা স্বাধীন|

স্বাধীনতার ৭৫তম দিবস উৎযাপনে বর্তমান প্রধানমন্ত্রী নরেন্দ্র মোদীর কর্মযজ্ঞ -

স্বাধীনতার ৭৫তম বর্ষকে স্বরণীয় করে রাখতে তিনি সবরমতী আশ্রম থেকে এর সূচনা করেন পদযাত্রার মধ্য দিয়ে,

স্বাধীনতার এই প্ল্যাটিনাম জুবলীর বর্ষে আবহেলিত ও অনগ্রসর শ্রেণীর মধ্যে স্বাধীনতার আলোকের ব্যপ্তি শিখা যাতে ছড়িয়ে পড়ে,

এবং যার আলোকে আলোকিত হয়ে এই শ্রেণীর লোকজনদের সম্বৃদ্ধ করা যায় তার জন্য এই পদযাত্রায় শামিল থাকবেন বেশ কয়েকজন কেন্দ্রীয় মন্ত্রী ও স্বরাষ্ট্র মন্ত্রী অমিত শাহ্ স্বয়ং।

ঘটনা প্রসঙ্গে তিনি গান্ধিজীর আদর্শে অনুপ্রানিত হয়ে সকলকে সেই পথের দিশা দেখাতে তৎপর।

তিনি নেতাজী সহ অনেক বীর বিপ্লবীদের নাম উৎচ্চারণ করলেও পর নেহেরুজীর নাম একবারের জন্য মুখে না আনলে সমালোচক গণ সমালোচনা করেন।

উপসংহার-

আজ আমরা স্বাধীনতার ৭৫তম বর্ষ উৎযাপন করতে চলেছি মহাসমারোহে,

সেখানে বীর বিপ্লবীদের জীবন দান কে সম্মান প্রদর্শন করা হয়, তাঁদের স্বপকে বাস্তবে রূপদান দিতে আজ আমরা অপারগ।

নেতাজীর স্বপ্নের ভারত আজ দ্বিখন্ডিত।

আজও স্বাবীনতার ৭৫ বছর পরেও ঘরে ঘরে শুনতে পাই বেকার যুবক যুবতীতে হাহাকার।

আজও প্রতিভারা বিক্রি হয় পাড়ার মুদির দোকোনে বা কোনো ধণী ব্যক্তির নিকট।

আজ অযোগ্যরা যোগ্যের সিংহাশনে বসে যোগ্যদের যোগ্যতা নিয়ে ছিনিমিনি খেলে।

সত্যি কথা বলতে কি,

আজ যদি নেতাজী বা মাষ্টারদারা স্বচক্ষে এইরূপ ভারতমাতা কে দেখতেন,

জানি না তাঁরা তাদের প্রাণ দ্বিতীয় বার বিসর্জন দিতেন কিনা।

স্বাধীনতা কেন তুমি,

আমাদের পূর্ণ স্বাধীনতা প্রদান করে অর্থনৈতিক ভাবে সাবলীল করে তুলতে পারো না?

কেন যে কি মনে হয়

তাং-২৭,১২,২০২০,

ভীষন ভীষন ভাবে এই ভবে ভাবনায় ভাবিত ভুবন।

কেন ? কিসের কারনে করো এইরূপ কার্যের কার্যকরণ ?

তারা তো তাড়িত আজ তপোবনে তোমার তপস্যায় তবুও কেন তমসার ঘোর।

আপমর কেন অসহায়? অশান্তিতে করে অনশণ অবণীতে আমরণ ?

শিক্ষায় শিক্ষিত হয়ে শিক্ষক,শিক্ষাকর্মী ও কৃষক শীতে কেন জাগায় শিহরণ।

পুরাণে প্রচলিত প্রবাদে শনির প্রবাহও নাকি হয় পরিশ্রান্ত পরিশেষে।

চলন্ত চলন্তিকার চলন চলবে কি চিরতরে সেই চর্চা হয় চর্চিত চত্তরে চড়াতে।

প্রতিহিংসায় হয়ে পরায়ণ প্রতি পলে পলে প্রতিশ্রুতি কি পয়মালে ?

লক্ষ্যের লক্ষ হবে না কি লঙ্ঘিত ? ললণ ললণারা কি লহমায় লহমায়ে।

মনেহয় মনে মনে মনের মানসপটে আজ মর্মান্তিক মুহুর্ত্ত মরমে মরিয়া মরে।

মানুষের মানবতা, মহানুবতা, মায়া,মমতা গিয়াছে মজিয়া মনের মাঝারে।

মহাকাল ও মহামায়া আজ মেতেছে মাতনে মারিয়া মারিছে মানবে।

আদিশক্তি আমজনতা অসহায় আকুলে আদুল গায়ে আদলে আজ।

অসহায়রা অসহ্য অনাচারে অবিচারে অপ্রতিরোধ্য অক্ষুন্ন থাকবে তো তাজ ?

ত্রিফলা

তারিখ-২৬,০৫,২০২১

ত্রিফলার ত্রিশুলে ক্ষত বিক্ষতের শুলে
তছনছে হয়েছে খান খান।
কঠিনের এইকালে চন্দ্রগ্রহনের ভালে
ভরা কোটালে হারিয়েছে প্রাণ।
উপরন্তু এই যোগে মহেন্দ্রক্ষনের ভোগে
আসিল ইয়াস এই ধরাতলে।
যেরূপে আমসত্ত্ব দুধেতে মিলিয়ে তত্ত্ব
সন্দেশ সহযোগে এই ভূতলে।
ছিল যদিও সতর্ক বাণী তবুও মনে সরম মানি
তাইতো আজ হলো সর্বশান্ত।
তালাগাছ সম হিল্লোল সহযোগে ভারী বাদল
পবণ যেনো হবেনা কোনোদিন ক্ষান্ত।
যত সব কুঁড়েঘর নিমিষে আকাশ পর
জলের তোড়ে ভেসে যায় সব।
হোটেল রেস্তোরাঁ হায় খালি চোখে চেনা দায়
শোনা যায় আর্তের কলোরব।

স্বপ্নতরী

যতসব তমাল তরু তৎসহ ছাগল গরু

মানব শিশু সহ আরও অন্যসব।

ত্রিনাদের এই ত্রিফলায় রিক্ত যত মা ও ছায়

হাতে লয়ে প্রাণ বাঁচার আশায়।

পানীয় জল বিনা রিংকিও রেখা বাঁচে কিনা

শুকনো খাবার তো স্বপ্নে দেখায়।

তাঁদের স্বপ্ন জোড়া দিতে স্বপ্ন পরীর পায়ে হাতে

আবারও দিতে হবে ধর্ণা যে কতদিন।

তবুও তার চ্যালাগুলি শুনবে কি মুখের বুলি

গল্প দিয়ে যাবে চলে আশা বড় ক্ষীন|

ভাগ্য মোদের এইরূপ হয় শুধু তছরুপ

জানিনা মাগো এই মাটিতে আর আছে কি।

কত ইয়াস আসে যায় . ভাগ্য তবুও না বদলায়

জীবনের প্রতি ধরেছে ঘেন্না বাঁচব না আর ছিঃ|

মন চোর

তাং-২৩,০৩,২০২১,

মনের মানসপটের মন মন্দিরে যে মনমোহনীতে

মোহিত করেছিলে মানসী,

অন্তরের অন্তরালের আড়ালে আবভালে অবস্থিত হয়েও অবিদিত অতসী।

প্রথম পলকে করেছিলে প্রাণহরণ প্রিয়তমা তব পরশ পৌঁছেছিল পরাণে,

আঁখিপাতে অবলোকনে আপাতদৃষ্টিতে অপার অপরূপ অলকা তব আভরণে।

শুধু মুচকি হাসির সম্পাতে সলাজে শারদ শশী সম্ভাষণে সর্মর্পিত,

হৃদয়কে করেছিলে হরণ হেসে হেসে হরদমে তবুও হারাণ ছিল হর্ষিত।

তস্কর তুমি যেভাবে তড়িৎ এ করেছো ত্বরান্বিত হরণ মম তমাল তাল,

প্রেমের পালকে ফেলোনি পলক দাও নি পরিনতি তুলে দিয়ে পাল।

ভাঙ্গাচোরা ভগ্ন ভবন এখন ভুতড়ে বাড়ির ভবিষ্যৎ,

কোনো ওঝা করেনি কসুর কেয়ামতে কোনো রকমে করি কর্মতৎপর।

দেব দেবীরা যখন অসুস্থ

তাং-২৪,০৬,২০২১

দেবরাজ ইন্দ্র আজ ভীষণ অসুস্থ,

মানসিক ভারসাম্য তিনি হারিয়ে ফেলেছেন।

তিনি এখন সব সময়ই বিকারগ্রস্থ,

মাঝে মাঝেই তিনি উর্বশী, রম্ভা ও মেনকাকে,

কখনও কখনও ইন্দ্রানী ভেবে,

তাদের মস্তকে রাজরাণীর তাজ পরিয়ে দিয়ে,

সর্বসম্মুখে রাজ সভায় প্রিয়তমা বলে সম্ভাষণ করছেন।

বরুণ দেব তো!

তার কথা আর নতুন করে নাই বা বললাম,

তিনি এখন মদিরা পানে নিজেকে ব্যস্ত রেখে,

মরু সাহারা কে প্রশান্ত মহাসাগর ভেবে ডুব দিয়ে খুঁজতে চলেছেন অনন্য মুক্তোমালা,

যা নাকি তিনি জলদেবী কে পরিয়ে তার মন পাবার ব্যর্থ প্রয়াস করেই চলেছেন।

স্বপ্নতরী

বিদ্যার দেবী সরস্বতী তাঁর তো আজকাল দেখা পাওয়া ভার।

সমস্ত স্কুল কলেজে তো এখন অনন্তকালীন ছুটি চলছে,

তাই তিনি নাকি এখন,

স্লেট, পেনন্সিল ,কলম, খাতা মুড়িয়ে দিয়ে বাস্কে তালাবন্ধ করে হিমালয়ে মামার বাড়ি গিয়ে দুধে ভাতে আছেন।

শিক্ষক ও শিক্ষিকাদের তো আর স্কুল যেতে হয় না,

বলে গেছেন তিনি,

মাসে মাসে আরও ইনসেনটিভ দেওয়া হবে।

কিন্তু ?

ঐ যে পাশ্বশিক্ষক ও শিক্ষাবন্ধুদের কথা একবারও আমার কানে তুলবে না।

তাদেরকে ভাতেও হাতে মারার জন্য,

নিয়মিত এই লকডাউনের বাজারেও,

পাঁচ, সাত হাজার টাকা মসিক বেতনের বিনিময়ে,

পরিবার পরিজনকে বন্ধক রেখে,

স্কুল ও অফিস খুলতে হবে।

এই সাফ কথা জানিয়ে দিলাম।

ধনদেবী লক্ষী কে ?

মহাদেব আজ,

এই বাজারে আকানি ও আসানিদের নিকট বন্ধক রেখেছে।

তাই কৃষকরা যতই মাথার ঘাম পায়ে ফেলে সোনার ফসল উৎপদন করুক না কেন ,

সব মুনাফা তাদের ঘরে চলে যায়।

রয়ে যায় তাঁদের চিরসাথী দুঃখ, কষ্ট, যন্ত্রনা।

সেনাপতি কার্তিকের কথা বলছ ?

সেও তো আজ রঙ্গালয়ে রমণে ব্যস্ত,

সোমরস সহযোগে।

মাঝে মাঝে দেবতাদের দৃষ্টি আরোপিত করতে,

পরিকল্পনা অনুযায়ী,

কখনও অসুদের সংগে যুদ্ধ,

আবার কখনও গন্ধর্বদের সংগে যুদ্ধে লিপ্ত হয়ে,

নিজেকে প্রমাণ করতে চায়,

আমি কত বড় দেশপ্রেমিক !

তাহলে বুঝুন-

দেবলোকে ও দেবতারা আজ কত অসুস্থ,

সাধারন দেবদেবীর তাহলে কি রূপ অবস্থা,

ভাবা যায় !

এ কোন দৃশ্য দৃশ্যত হয় "শ্রী" এর সমাহারে

তারিখ-২৫,০৮,২০২১

এ কোন দৃশ্য হয় দৃশ্যত 'শ্রী' এর সমাহারে !

চাঁদের হাটে এ কোন চর্চিত চর্চার চাষ করে কোন চামারে।

শ্রী বৃদ্ধিতে শ্রীয়ের শ্রীমান শ্রীমতি রা হয় শ্রুত এই ভরা শ্রাবণে।

নিয়ম নীতির নিময়কে করে নিরাময় নিরবে নিশীথে নেয় প্রাণ নিবিড়ে।

অপরাধ মম অধম মোরা করেছি আহ্বাণ আধমরাদের দাও প্রাণ।

ভাত নেই চাইনা ভাতা ভর দুপুর ও সন্ধ্যাতে ভাদ্রের ভীষন ভানুতে করি অবস্থান।

বিষপানে বিষাক্ত জীবন তবুও বিমুখ যেন বিমাতার সন্তান।

সেরার সেরা সোপনে শান্তি যেন শব সবিশেষে সব শেষ !

এগিয়ে কি যেন ? এখন সব একলব্য রা এইসময়ে একযোগে একবাক্যে ইতর বিশেষ।

শিক্ষকরা শিক্ষার শিখন শিখাতে শিখাতে শীর্ণকায়াতে শিথিল।

বিকাশে ব্যবস্থা বিধি মেনেই বিলম্বতে বিধাতার ব্যলকনিতে বীলিণ।

বিধাতা তবুও বিধির বিধানে বাধাদানে ব্যাহত ভারী বিশ্বয় !

শ্রীয়ের শ্রীময়ির উৎসশ্রীতে উৎপন্ন উৎপল করে উৎসর্গ জীবন নেই উপায় !

বুঝেছো কি তুমি ?

তারিখ-১৬,০৭,২০২১,

বুঝেছো কি তুমি ?

না বলা হৃদায়ের কথা,

যদিও তোমাকে বোঝাতে চেয়েছি আমি,

কথার ছলে,

বা অন্য কোনো নামে,

কত,

ক-ত-ই না ভালোবাসি তোমায়।

মম হৃদয়ের মর্মবাণী হায় !

মরমে মরিয়া মরে।

জানি তোমার মানস চিত্রপটে,

চিত্রায়িত হয় অন্য কোনো দৃশ্যপট,

সেই চিত্রতে তুমি তো নিপুণ শিল্পীর মত,

চিত্র অঙ্কনে লিওনার্দো দ্যা ভিঞ্চি কে ও,

আনেক পিছনে ফেলে,

তোমার অবয়ব মোনালিসাকেও মানাবে হার।

সত্যি তুমি তিলোত্তমা!

প্রিয়তমা মম।

বৈষ্ণব পদাবলীর পদকর্তাদের ও

হার মানিয়ে তুমি চলেছো-

"যাঁহা যাঁহা নিকাসয়ে তণু তুণু জোতি,

বাঁহা বাঁহা বিছুরি চমকায় হোতি!"

মম অন্তরস্থল থেকে উৎসারিত এই

অকৃর্তিম ভালোবাসার অর্ঘ,

করবে না কি হৃদয়াঙ্গম ?

বোঝো না কি তুমি ?

মন মন্দিরের মর্ম স্থলে মর্মর মুর্তিতে,

প্রতিস্থাপিত করেছি তোমার আবাক্ষ প্রতিরূপ,

তা তো তুমি ভালো করেই জানো প্রিয়,

তবে কেনো করো না বোঝার লীলা ?

তবে কি ভক্তের ভক্তিতে কোনো ত্রুটি ?

নাকি ?

আরও ঘোর তপস্যা ?

তাতে তো তপনের তাপীয় তাপে-

" তাতল সৈকতে বারি বিন্দুসম,"

তে রূপান্তরিত হয়ে পুনরায় নীল লীলিমায় লীন হবে না তো ?

হে সৃষ্টিকর্তা তোমার সৃষ্টির সৃজন,

শুষ্ক মরুতে মরে যাবে না তো ?

মরমের মনপাথারে হয়ে মলিন ?

বোঝো ভক্তের মনের বেদনা,

ভঙ্গ করো ধ্যান,

দেখো আমি কিরূপে কেমনে কাতরে হয়েছি কঠিন ।

তব পরশে পুনরায় এই পরানে প্রতিষ্ঠিত করো প্রাণ ।

না বোঝার ধ্যান আর করোনা,

এই অনুরোধ রাখি তব পদতলে !

বিরহ

তারিখ-১৯,০৬,২০২১,

বিরহ বেদনায় ব্যাথাতুর জীবন আজ বেসামাল।

বিষময় বায়ুতে বসুধা হয়েছে বিলীন বেতাল।

কতদিন কতকাল আগে কভু কখনও।

কঠোর করাল কামড়ে এতটা হইনি কাতর কক্ষনো।

পূর্বরাগের পূর্বেই প্রেমের পরশে পাগল।

পরিণয়ে পাণিগ্রহন পর্যন্ত পরিসরে পঙ্কজদল।

অণুরাগের আসরে আবার অনুকরনে অন্য আবিস্কার।

অনুতাপে অনুনয়ে অসম্ভবে আমি নেই আমাতে আমার।

ভাবের জগতে ভাসিয়া যায় ভুবন ভাবসম্মেলন।

ভরাগাঙে হয় ভরাডুবি ভাবুক ভ্রমরের ভালোবাসার পরাণ।

মিলনে মিলিয়া মিলাবে মোদের মাধুরী এই মিশনে।

মোম ও মধুতে মিশেনি মিশ্রণ মাতাল মাতনে।

তাই তো তুমি বিরহ তোমাতে তুমি নও তো তমসাঘন।

তাল তমালের তরুতলে তেমনে তথায় তুমি মম।

প্রতিচ্ছবিতে প্রতিষ্ঠিত তুমি পরাণের পঙ্কজ।

প্রতি পলে পলে পাই তোমার প্রতিশ্রুতির পশরার পরশ।

জানি জগতে জিনিয়ার জিনিসে জন্মে জপমালা।

জন্মজন্মান্তরে করবে জাহির জাহ্নবীর জয়মালা।

বর্তমানের বহালে বসুধাতে জীবন বমাল।

বিরহ তুমি হও না কেনো ব্যাথাতুর বদলাও বখাটের বাকল।

কেমন আছো তুমি ?

তারিখ-১৮,০৬,২০২১,

কেমন আছো তুমি ?

সেই যে কতদিন আগে দেখেছিলাম তোমায়,

পড়ন্ত বিকেলের শেষ রৌদ্র মাখা মেঠো পথ দিয়ে,

আড়চোখে মুকচি হেসে জমির আল দিয়ে চলে গিয়েদিলে পদ্মপুকুর পানে।

শুধু হাত নেড়ে করেছিলে ইশারা,

কিছু ইঙ্গিত,

যার অর্থের অর্থ আজও অদ্ধসমাপ্ত।

স্বপ্নতরী

শুনেছিলাম যখন আমি গ্রীষ্মের ভরদুপুরে হলকর্ষন করছিলাম,

পাশের হলধর বলেছিল আমায়,

কিরে ?

জানিষ না তুই ?

আজ যে শ্রাবণীর বিয়ে,

পাঁচ গ্রামের লোক নিমন্ত্রিত,

আর তুই কিনা...........!

মুহুর্তের মধ্যেই যেন শ্রাবণের রারিধারা রোধ হয়ে,

শুষ্ক মরুতে জীবনের হলকর্ষনের ব্যর্থ প্রয়াস বুঝি তমসায় নিমজ্জিত হয়।

নিজের অজান্তে দীর্ঘস্বাশ নির্গত হয়ে তপ্ত জীবন মরুতে যেন সোনায় সোহাগার প্রলেপ লাগিয়ে দেয়।

আজ প্রায় দীর্ঘ দুই দশক অতিক্রান্ত,

তবুও তোমার প্রতিচ্ছবি মনের মণিকোঠার মন মন্দিরে চির উজ্জ্বল,

যাচ্ছিলাম সেই চেনা পথ ধরে আপনমনে নিজ খেয়ালের ডানা মেলে দিয়ে,

অনেক বিনষ্ট আকুতির আর্তনাদে,

হঠাৎই,

তুমি নাম ধরে ডাকলে আমায়,

স্বপ্নতরী

কেমন আছো তুমি ?

অনেক দিন পর সাহারার আকাশে যেন বদল ঘণ বিদ্যুতের চমেকে সমগ্র শরীর বিহ্বল হয়ে যায়।

কিন্তু একি !

কাকে করছি অবলোকন ?

শ্রাবণী যেন চৈত্রের প্রচন্ড দাবদাহে শীর্ণ শুষ্ক কাষ্ঠে পরিনত।

আমি বললাম,

একি দশা দেখি তোমার ?

সে দীর্ঘস্বাশ ফেলে অতিকষ্টে শুষ্ক বদনে বলে,

আবহাওয়ার আবহতে আদতে আমি অতিকষ্টে এখনও নিজেকে অম্লান রেখেছি ....!

কে অপরাধী

তারিখ-২৫,০৮,২০২১,

আবহ যদি অর্ণবে করে অপরাধ অহরহ।

আপমর অযথা অপমৃত্যুতে অমরে নিত্যবহ।

আসীন আমি আমার আসনে আমাকে অপমান ?

আল্লাহ্ আমায় করেছে আর্শীবাদ আবাহমানেতের আসান।

শিক্ষাতে যত হবে শিক্ষিত শিখনে শিক্ষক তাইতো দিবে শিক্ষা।

কারিগর তোমরা করবে কারিগড়ি কড়মড়ে দিয়ে কামড়ে যাব কামোক্ষা।

কঠিনের কঠিন কামড়ের অন্তরালে আমিও কামরার খুলব কাপড়।

অপরাধ কি ?

অপরাধী আধমরা আপনরা আপনে চেয়েছিল আপনি করবেন আসর।

ভাতাতে যাতে হয় ভাত ও ভরনপোষন না হোক ভর্তি ভান্ডার।

বিনিময়ে বাক্যবানে বিষপানে বাধ্য করালে বিধাতা এই বিধির বিধান ব্যাথার।

ব্যাথায় ব্যাথায় হয়ে ব্যাথিত বর্তমান কি যাবে না বয়ে বাজবে না বিষাণ ?

তুমি তোমাতে কি ভাবে করবে তর্পন ততক্ষনে ততকালে তখন ?

লাশের লালসায় লক লক করে লম্পট ল্যাপটবে লোহিত ললনা ললন।

নেতা নেত্রীর নেত্র নির্মিলিত নয়নে বায় নাও নিখিল বিশ্বে এই নভোতল।

এটাই সত্যি কথা

তারিখ-২১,০৭,২০২১,

সত্যি কথা সত্যি করে বলার মত সততা সর্বদাই কি থাকে সর্বজনের।

সাধা পোষাকে শ্বেত শুভ্রতার ধবলগিরি ও কতটা সৎজ্জন সৌরমন্ডলের।

অন্তরকরণের অন্তকরণ শুধুই অন্ধকার অহর্নিশি বেলা অবেলায় অবলোকনে
।

অন্তরজলি যাত্রার আর্তের আর্তনাদ জানায় অভিবাদন অশ্রুবর্ষনে।

ভাষনে ভাষনে ভরপুরে ভীষণ হয়না ভারাক্রান্ত কিন্তু ভর্তুকিতেই হত কাজ।

ভবেশরা তাইতো ভবঘুরে ভবানীরা হয় ভর্তি ভাড়াটে ভররাত।

স্বচ্ছলতার স্বচ্ছতা নয় সমীচীন স্বতঃস্ফূর্ত আজ স্বয়ংক্রিয়।

স্বমহিমার স্বভাবে সব সকলে শব শ্মশানের সবরোবরে শতদলে সুপ্রিয়।

পূর্বে প্রকাশিত মাধ্যমিক পরচি পরশু প্রকাশিত পরিচয়লিপির পরিসংখ্যান।

পারতপক্ষে করলে পরখ পরিশানে থার্মোমিটারে নেই পারদের নিশান।

জট ব্যাঙ্কের জটিল জটে জমিনে যত জট জমা হয় জোতের জোতদারে।

জনগনের জামানা হয় জামানত জব্দ যাহারা করে জাহির জনগনের তরে।

কোথায় সত্য কিভাবে কেমনে করছো কালপাত নেই করণীয় কি কপোলতলে ?
।

কন্ঠশ্বর করে কি কারচুপির কারনামা কিম্ভুতকিমাকারের কক্ষতলে ?।

বিবেক তো বিকিয়ে বিলিয়ে দিয়েছো বিশ্বমাঝারে তব ব্যাকারণে।

স্বপ্নতরী

বাক্য ও তো নেই বশে বরাবর বর্ণীলে বিলীন ব্যায়ভারের বর্ণণে।

মিথ্যুকের মিথ্যা মিথে মিশিয়ে মিলিয়ে মানব হারিয়েছে মানবতা|

ময়দানবের মায়া জালে মথিত মনুষ্য বুঝি মানহীন মর্তলোকে নেই মান্যতা।

সত্যের সততা সদা সর্বদা প্রানবন্ত সময়ের সরল সমীকরনে।

সময় কিন্তু শতব্যস্ত সত্তেও দেখায় সৎভাব সর্বাক্তকরণের সবিনয়ে।

আধুনিকতম উন্নয়নের আলোকে

তারিখ-২৬,০৮,২০২১,

ভাস্কর আজ ভালোমত ভেজে ভেজে তার কর ভুবনে করে ভূপতিত।

ভূপতি ও কিন্তু তার ভূষণে বিন্দুমাত্র হয়না ভুল ভুলভুলিয়ার ভুত।

পরিবেশে প্রাণীরা প্রাণের প্রয়োজনে পলে পলে করে পরিশ্রম|

প্রতিভূ রা তবুও হননা প্রতিভাতো প্রতিবাদীদের প্রতিবাদে পৌঁছায়না পরাণ।

অধুনা আধুনিকের আলোকে আপামর আপ্রাণে অযুতে করে অবস্থানে।

ন্যায্য নীতির নিলয়ে নিশিদিন নিয়ম নীতি হয় নিধন ন্যায়াধীশের ন্যায়দন্ডে|

নতুন নতুন নবীকরনে নতুনত্বে ন্যুনতম নেই নুন নবীনরা নকলনবিশে মানদন্ডে
|

প্রভাকরের প্রভাতে প্রতিভারা পথে পথে পরিশ্রান্ত প্রিয়জনেরা পন্ডে।

উন্নয়নের উৎসশ্রীতে উৎপাদন যখন উপরে উঠছে করে উথাল উডল্যান্ডে|

উপেনদের উনুন কেন যায় উবে উপকন্ঠে কেন গরল হয় উদরস্থ ?

'চমকের চমৎকরিত্বে চড় চড় করে চড়ে চাঁড়াল চন্ডালরা চামচিকে পুরোদস্ত।

চাষারা তুবও চাষে জমি চষতে চষতে চুবানো হয় চুল্লুতে চড়ানো হয় চড়কে।

থেমে থাকে না থিম থিতাবস্থায় থমমত করে থরথর করে কাঁপে।

তুবুও তথায় তিমিরে তারকার তাড়নে তাড়কারা তারিয়ে তরপায় তপন তাপে।

প্রবাহীনি

তাং-০৮,১১,২০২০,

প্রাবাহীনি তোমার প্রবাহতে পাও কি পরিশুদ্ধতার পরিশ্রুতি পরতে পরতে যে পারদ পরছে তোমার প্রবাহতে তাতে পরমপিতার পাবক ও পারবে কি করতে পরিস্কার ?।

অনন্তকাল ধরে অবিরাম অনবরত তুমি আগমনীর আগাম আভাষ আমাদের অহোরাত্র অবনীতে কর

আদানপ্রদান আর করবে অপেক্ষা অতিপ্রাকৃতের অপকর্মের জন্য ?।

গোধূলি বেলায় বলছি তোমায়

তাং-২২,০৯,২০২০,

দিনের সব উজ্জ্বলতার রঙ নিগড়ে নিয়ে প্রাণচঞ্চলতার সব উদ্যামকে নিস্তেজ করে দিয়ে তুমি যখন সন্ধ্যার আগমনের প্রত্যাশায় নিজেকে প্রস্তুত করছ,

আর ভাবছো মনের বাতায়নের পর্দা টেনে দিয়ে পশ্চিমের লু বা উত্তরের শীতল অনিল তোমাকে একটু ছুঁয়ে দিয়ে তোমার সব অশুচি অয়বব ও আবরণ কে শুচি করে তুলবে তোমাকে।

আর তার জন্যই তো তোমার আরাধনার প্রাক্কালে সমস্ত উপকরণ ও উপাদানে

সজ্জিত করে এবং তাদের সমবিব্যাহারে তোমার অন্তরের মুক্তাঙ্গনে জমকালো উপস্থাপনায় ঝারবাতিতে রঙ্গীন কাঁচ গুলিতে প্রাণপনে চালিয়ে যাচ্ছ আরও রঙ্গীন করার প্রয়াসে।

কিন্তু তুমি তো প্রায় ভুলেই গেছ মুন।

দিন ও রাতের সন্ধিক্ষনে হয় গোধূলীর আবির্ভাব,

তা হয়তো তোমার মনের অন্তকরণে তার উপস্থিতি নেই বল্লেই চলে।

কারন আমিই তো রাতের মক্ষী রাণি।

কামনার লালসার অগুনে তোমরা পিপীলিকা সম।

আর দিবাকরের দিবসে আমি তো তপোবনের তপস্বী।

কিন্তু তোমার ভুলো মনের ভুল ভুলিয়ার ভুলে সেই রন্ধ পথেই আসে গোধূলীর মহেন্দ্রক্ষন '।

ভক্ত প্রহ্লাদ তাঁর বাবা দূরাচারী কে সংহার করে ছিল নৃসিংহ রূপ 'ধারী নারায়ণ।

ভুলে গেছ বোধহয়।

তমসা ঘন সন্ধ্যার আহ্বানে প্রাণচঞ্চল প্রাণবায়ু সে যে নিমিষে হরন করতে পারে তা সর্বজন বিদিত।

তাই এখনও সময় আছে গোধূলী কে তাঁর যথাসম্ভব সম্মান প্রদর্শন করে দিবস কে মান্যতা দাও।

নইলে সন্ধ্যা তোমার সান্ধ তন্দ্রা ছুটিয়ে দিয়ে ঘোর নিশার নিশিতে চিরকালের জন্য নিক্ষেপ করবে।

বিদ্যাসাগর

তাং-২৬,০৯,২০২০,

গদ্যের জনক তুমি মোদের মুখে তুলে দিয়েছ ভাষা।

অবতার তুমি এই যুগের ওগো অন্ধকুসংস্কার থেকে দেখিয়েছ আলোর দিশা।

স্ত্রী শিক্ষার প্রচারে অন্যতম পথিকৃৎ তুমি নিজ উদ্যোগে সমস্ত ভার নিয়েছিলে কাঁধে।

সহস্র বর্ষের বৈধব্যের যাতনা করেছ নিবারণ বিধবা বিবাহ প্রচলনের সাথে।

তুমি অগ্রদূত ওগো সর্বঘটে বিল্লপত্রের ন্যায় সমাজকে টেনে তুলেছ সর্বঘাটে।

তুমিই সেরার সেরা সমাজসংস্কারক ঘষে মেজে করেছ ঠিকঠাক তার চিত্রপটে।

দীনের দিবাকর তুমি একাধারে ছিলে করুণারও সাগর।

তোমারই জ্ঞান সাগরের সৈকতে মুক্তো খোঁজার করি প্রয়াস হয়ে যাযাবর।

তুমিই দেখিয়ে ছিলে ইচ্ছা ও মাতৃভক্তি কাকে বলে।

মনের জোর থাকলে পরে শত প্রতিবন্ধকতা কাটিয়েও তুমি হবে সফল তব ভালে।

তোমার দেখানো পথ আজও মোদের জীবন দর্শন।

আক্ষেপ জাগে মনে যখন দেখি তোমার প্রতিভাকে কেউ করে অবমনন।

বীরসিংহের বীর শিশু আজ মহান বোধীবৃক্ষ এই সমাজে।

সেইছায়া তলে নিয়ে শ্বাস কেউ কেউ স্বজ্ঞানে হারায় বিশ্বাস অকাজের ছলে।

সীতারবনবাস,আখ্যানমঞ্জুরী,বেতালপঞ্চবিংশতি ও বোধোদয়ে।

আজকের পরিস্থিতিতে হয় মনে "উলবনে ছরিয়েছ মুক্তা" অর্জিতে জ্ঞানালয়ে।

আজকের বিদোবোঝাইদের বিদ্যের বহরে করছে এইরূপই বর্ণিত।

তবুও তারা মারিয়া চায় বেঁচে উঠতে উন্মোচনে তোমার অয়বব সূচিত।

তন্দ্রাচ্ছন্ন

তাং-০৬,১১,২০২০,

আসন্ন এই অসময়ে তন্দ্রার আগমেনের হেতু কি ?

আবার কোনো আড়ালে আবডালের আবছা অন্ধকারের আসর ?

কেন তন্দ্রা ?

তোমার তুমিত্বের তব তাম্রপত্রে যে তসবির তুমি তাল তমালে করেছো তটস্থ,

তাতে তানিয়া, তপতি, তপন, তানবিররা তন্দ্রয়ায় কেন পুরো তমসায় আচ্ছন্ন হয়ে তমোগুনে তেপান্তরেতে তরীপার করতে তৎপর।

তবুও তুমি.....!

প্রকৃতি কে তুমি করেছো অপ্রকৃতস্থ,

প্রকৃত প্রকৃতির প্রকৃষ্টের প্রকার প্রকারন্তে পরিবার সহ পরিশ্রান্তে পরপারে পাঠিয়েছো,

আরে পাপিষ্ঠ ?

পরকালে পরাভূতে পরজয় নিশ্চিত,

পরম্পরার পরিধীতে।

জানো না তুমি ?

আরে পাপিষ্ঠ ?

পরকিয়াতেও তোমার পাপাত্মার পরিশিষ্টে পরিজনদের পরিচয় পাও কি ?

শোনো তন্দ্রা,

স্বচ্ছতায় তুমি তোমার স্বাধীকারের স্বকীয়তায় স্বাধীনভাবে স্ব-স্ব ধ্যানধারনার স্বচ্ছতার স্বজ্ঞানে তুমি সপরিবারে স্বপ্নেও কি পারবে সামিল হতে ?

কর্মদক্ষতার কর্মক্ষমতার কর্মক্ষম কে করে কুষলিত,

কলেবরে কালিমালিপ্ত করে কাহারো কি কাঙ্খিত কামনার কায়মন কে করতে পেরেছো কি কসুর ?

কলঙ্কনী কঙ্কাবতী ?

কভু কখনো কোথাও কাহাকেও কি করেছো একটু করুণা ?

জানো তন্দ্রা তোমার অবস্থান আগে কর ঠিক।

ঘুমেতে থাকবে তুমি ?

নাকি জাগ্রত ?

প্রেমিকার ভূমিকায় প্রেম ?

নাকি অর্ধাঙ্গিনীর চিত্রপটে ?

তুমিই ভাবো।

কালীপূজা

তাং-১৪,১১,২০২০

পুরাকথা পুরাণমতে পূর্বেরও পূর্বে প্রথম পরিচয়ে,

অশান্ত অবাধ্য অসূরদের করতে অনুসারী মা অম্বিকার আগমন অবনীলয়ে।

মুন্ডমাল্যতে নিজ মুর্তি মোদের মন মন্দিরে করেছো প্রতিষ্ঠিত মরমে মরমে,

অশুভ অশান্তির অপদানবদের করে অবমনন অভূতপূর্বে তোমার অবদানে|

তবে কেন তুমি তোমার স্থান কেবলমাত্র তথায় করেছো তিষ্ঠতি,

পুরাণ হতে বর্তমানে পুরোপুরি ভাবে কর পর্দাপণ হও পুরোধা দেখাও পরিনতি

স্বপ্নতরী

।

সততায় সৎ সাধা শিধে সরলতার সরল সমীকরণ আজ শতঘাতে শতছিদ্র,

জটিলতার জটিল জটিল জ্যামিতিক জ্যা জগতকে করেছে জাগ্রত।

এ্যালজ্যেবরাতে এখন একুশে আইন পাটীগণিতে পারসেন্টের একনায়কতন্ত্র,

ভূগোলের ভৌগোলিক ভূতল ভুলকরে যায় ভুলে পরিনামে সব ভবনে ভূমিকম্প।

ইতিহাসের সব ইতিবৃত্তের হয়েছে ইতি ইত্যবসরে সেখায় ইতরদের ইমারত,

রাষ্ট্রবিজ্ঞানে রাষ্ট্র আজ রন্ধে রন্ধে চতুর্দশ লুইয়ের রাষ্ট্রের অভিমত।

অর্থনীতিতে আজ অবান্তর অ্যাডমস্মিথ তাই নিয়েছে অবসর,

বিজ্ঞানে বিশেষজ্ঞানী নিউটনের চেয়েও বিদ্যান বিশেষ রূপে তৎপর।

তাই মাগো পুরাণে থেকো না আর নিজেকে ধরে করি অনুরোধ,

বর্তমানের বর্তমানকে বহুরূপে করতে বিষমুক্ত বিধানে কর বিহিত।

আলোকবর্তিকা

তাং-১৫,১১,২০২০,

আলোকে আলোকে আশমানে ও আবহে আলোকিত করে সহশ্র আলোকবর্তিকা তথাপি আমার আলোকের আলয়ে আসেনা আলোর আভা আকারে অন্ধকার।

দীপাবলীর দিয়া দেয়না দিব্যজ্যোতি কোনো দিবসে

দিনেতে দীন দিপক দীনের দৈন্যতার দাসত্বে হয়েছে দমিত দানবের দানবিক দহনে জীবনের দলিল আজ মোক্ষম চালে দাবার।

সময়ের সমতালে সব সময় হয় না সোজাসুজি সৎ সরলতার সমীপে সকল সমীকরণ সটানে সটান করে মেরে শট তবুও সততার প্রতীকে সদা সব সময়।

বর্তমানের বহাল বহু অর্থ বন্টিত হয়না সম বন্টনে বকলমে হয় বহাল বিশিষ্ট বন্ধু বর্গের ব্যাঙ্কের খাতায় সব বিশিষ্ট,বিদ্ব্যজন ,বিমল, বীনাদের আজ বিষময় জীবন।

আলোর উৎসবের কোনো আলোক শিখা আর করে না আলোকিত তাদের আলয় আত্মসাৎ এর

অসাধু খেলায় অন্ধকারে হয় অভিষেক যা অনভিপ্রেত।

চলার পথে চলোমান সিঁড়ির হয় চলন চলন্তিকার চার চাকা চলেনা আর চরমে

চর্চিত হয় চর্চা চাটুকর, চটকদার, চামুচদের চর্বনে সব চিলতে তেই আজ চিন্ময়ের চিতা|

পারেনানা কি তুমি দীপাবলী প্রাণের দ্বীপ জ্বালিয়ে পরাণে প্রতিদিন হোক প্রাতের পরশে প্রভাত সব প্রকাশ যেন হয় প্রকাশিত প্রকারে প্রকারে সব প্রাণে হোক জাগ্রত পরম পিতা।

এসো হে আলোকবর্তিকা তুমি এমন করে এক্ষুনি এইভাবে এহেন পরিস্থিতিতে এখন।

অন্যায়, অনাচারের করে অবসান অশান্তির অবহোকে অমল আভায় করে পরিবর্তিত করাও অম্লান।

ভ্রাতৃদ্বিতীয়া

তাং-১৬,১১,২০২০,

ভাইবোনদের আমোঘ মেলবন্ধন এই ভাতৃদ্বিতীয়া,

কর্মব্যস্ত জীবনের করে অবসান অকৃত্রিম ভাতৃ প্রেমে তুমিই অদ্বীতিয়া।

ইঁদুর দৌড়ে ব্যস্ত জীবনে ক্ষণকালের জন্য এই পার্বণ যেন তপন তাপে তাপিয়

স্বপ্নতরী

তপ্ত পৃথিবী যখন একফোঁটা বারিবিন্দুর জন্য কাতর,

তখন ভাইফোঁটা রূপ ধারন তপ্ত পৃথিবী কে বারি বিন্দুতে ভরিরে দেয় এই শুভ লগন।

আজ এই উৎসবটি শুধু ধর্মীয় সীমা রেখার গন্ডিতে আবদ্ধ নয়,

নিজেকে পূর্ণ বিকশিত করে আজ সে সার্বজনীনের রূপ ধারণ করেছে।

যা রোপিত হয়েছিল কবিগুরুর হাত ধরে রাখীবন্ধনের রূপ ধরে।

আজকের আবহে বাতাবরণ যে পথে এগিয়ে যাচ্ছে,

তাতে ভাইফোঁটার আরো ভাবে ব্যাপকভাবে প্রচলণ হওয়া দরকার,

শুরু হোক গণ ভাইফোঁটা,

শুধুমাত্র কয়েক জনের ফোঁটার ছবি প্রচারিত করে দায় ছাড়া কাজ করলে হবে কি?

তারজন্য তৈরী করতে প্রতিদিন প্রতি পল ভাইফোঁটার মহেন্দ্রক্ষন।

আজ যাকে আমি যাঁর মহাপ্রয়াণে অশ্রুসিক্ত আঁখিপাতে তাঁর শেষযাত্রায় সামিল হলাম,

তাঁকে আমি তাঁর জীবন্তবস্থায় যথাযোগ্য সুযোগ ও সম্মান দিয়েছি তো?

ভাইফোঁটা একদম অনুরুপ সেই রূপ,

শুধুমাত্র দিবস টাকে উৎযাপিত করে ও নিজে অংশ গ্রহন করে একদিনে সমাপ্তি ঘোষনা করলে হবে কি?

তারচেয়েও বড় কথা হলো,

ভাইফোঁটা রূপ জনমঙ্গল কার্য সমবৎসর করলে পর,

স্বপ্নতরী

আমার আমি আমাতে থাকতে দেবে তো ?

চেয়ারে প্রচুর ছাড়পোকা,

তাই ঈদের দিনে একটি দিবস,

বিজয়া দশমী একটি দিবস,

রাখীবন্ধন একটি দিবস,

ভাইফোঁটা একটি দিবস,

দিবসেই থাক,

মায়াকান্না করে ডালি ডালি ফুল নিয়ে উৎযাপিত করব সেই ঢের ভালো।

তার আদর্শে অনুপ্রাণিত হতে গেলে মহাগোল,

কারও অভাব থাকবে না,

সব দরকার ফুরিয়ে যাবে ,

তখন কে আমার নিকট আসবে ?

তাই ভাতৃদ্বিতীয়া তুমি তোমার একটি দিনেই সীমাবন্ধ থাকো,

সেইটাই আমাদের পক্ষে ভালো।

সততা আজ আশ্রিত মিথ্যার আলয়ে

তাং-১৯,১১,২০২০,

দিবসের দিব্য দৃষ্টি যখন দূরঅস্ত,

দূরদৃষ্টি যখন ভীষন দূর্বল,

প্রতিটি দৃশ্যপট আজ যখন দুইবেলা দহনের সাথে দুলতে দুলতে দলাপেকে দলিত,

তখন ও দাতা তার দানে ধ্যানে দাতব্যের দয়া দাক্ষিন্যের দলিলের খতিয়ান নিয়ে দ্বারে দ্বারে উপনিত,

এবারেও দয়া করবেন তো ?

বাতায়নের বিষ বাস্প হয় বিস্ফোরিত,

বাতাস বয়ে আনে ঘৃণার বর্ষন,

বিমল, বিমলারা বিস্ময়ে বিমোহিত,

বলে-

" সততা আজ কি তবে আশ্রিত মিথ্যার আলয়ে"?

কেন তবে আজ এইরূপ বার্তা কর বহন?

বলবে কি ?

স্বপ্নতরী

জনতা জনার্দনের জনমানসে যে জল্পনা জপে যজ্ঞ তে করে আহুতি প্রদান,

যথাসময়ে যখন হবে প্রসস্ফুটিত জগতে,

জমিদারের জমিন জাগ্রত থাকবে কিনা জনগন জানাবে তোমার জামানতের জামিনে।

তাই বলে তুমি তোমার তুমিত্ব তথায় তরীপারদের কেন কর তথাস্থু ?

পূর্ণিমার পূর্ণ তিথিতে প্রতিশ্রুতিতে প্রতিশ্রুত ছিলে প্রমীলা,

পরমেশ্বরের পরাণে করবে প্রথিত প্রাণ ?

প্রতিদিনের প্রাতের প্রভাতে হবে পরিণয়,

পরশে পরিশুদ্ধ ও পরিশ্রুত হবে সকল প্রকার পতঙ্গ,

কি হলো তার ?

মায়াবনের মায়াকাননে মরমে মরমে মরিয়া মৃতপ্রায় হয়ে করতে হত কি মায়াকান্না ?

বল মালতী ?

ময়দানে কি ময়দানবরা মাতাতো এইভাবে ?

নামের মর্যাদা নেমপ্লেটে নেমে এই নশ্বর দেহে নতুন করে নবীন নবীনাদের নিকট নত হতে হত কি ?

আশ্রয়ের আশ্রয়স্থল আমূলে পরিবর্তনে কি অসুবিধা অনুধাবনে অনুসরণ করছো তো ?

প্রিয়জন বনাম প্রয়োজন

তাং-২২,১১,২০২০

প্রিয়জন-

অন্তরের অন্তরস্থল থেকে উৎসারিত অমল আভায় আমোঘে অমৃত তুমি।

অকৃত্রিমতার আলোকে আশমান কর রঞ্জিত অন্ধকারের অরুণ আপনি।

অনবরত অবিরামে নয় কো অচল অবিশ্বাসে নেই, নেই অন্ত অবশেষে।

অফুরন্ত তুমি, অপরূপ তুমি, অবাকে অভিভূত তুমি, অসময়ে বন্ধুর সকাশে।

আদি তুমি,অন্ত তুমি, তুমিই অপারে. অবিনশ্বর।

অলসতায় অপারগে প্রেরণা তুমি, অকর্ম ও অদক্ষতায় তুমি যে ভাষ্কর।

অনন্য, অন্যতম, অসামান্য তুমি, তুমিই অমুল্যরতন।

জীবনের জীবনতুমি, জীবন জীবিকায় তুমিই মুলধন।

প্রয়োজন-

পথিকের পাথেয় তুমি পথমাঝে হয়ে পথিকৃৎ।

প্রয়োজনের প্রয়োজন তুমি প্রযোজনীয়তায় পরিশেষে পরাভূতে সমুচিত।

চলন্তিকার চারপায়া তুমি চাষার তুমি হাল এই চরাচরে।

সিঁড়ি তুমি জীবনের পথে পৌঁছিলে সেথায় সবে ভুলেতে সকলে ভুল করে।

চক্ষুতে চাক্ষুষ তুমি চোখে চোখে তুমি যতক্ষন।

জীবন জীবিকার স্বার্থের জীয়নকাঠি নয়তো জীবনের জীবন।

প্রিয়জন প্রয়োজনে সবসময় প্রয়োজন এই পৃথিবীতে।

প্রয়োজন কখনো হতে পারেনা প্রিয়জন পরাণের পাথারেতে।

You pended

Date-13.07.2021.

How beautiful are you !

any one lose himself to you view.

Any one can want to yours companey.

He would be good luck to get you funny.

OH my dear you are my heart.

with out you world will spoil like as mud.

Yet why you dont move to go foreward.

Earth has been standing there for catch hand that .

You will come soon oh my dear.

To fill up his all dreams with chears.

Then whole world will find its real life.

Desert must be change into greenland with yours water pipe.

The sky

Date-05,08,2021

How generous are you !

But you do not do any comment about any view.

How strome are blowing how the bright shine you tolarate.

Yet you also the same not to bother wants mate.

All of yours attributes if we can get in a little amount.

Then the earth will become to clange sure we should found .

why you my dear do not give the object as the rain .

Our world also sort as beautiful queen with fresh narve and veins.

If I can do

Date-06.08.2021.

If I can do make the all object.

Yet | will create that which will fullfill all unspoker desire in real fact.

most of the people are suffering from hunger till now.

They do not get one time food live at barn house like a cow.

In the recent time in altra modren age.

why the national income don't giveaway equaly stage ?

we also call ours pioneer of the nation.

But why we donot do the such acitivity by which remove all tension.

0h my God ! give the power and knowledge among us which are needy.

Then you will also live long again our mind and also not to busy.

Belive mein pen

Date-30.08.2021.

From the begeing of my life.

Being Saying I am a boy of class five.

But why you say all time yours activity is not so good.

But any workshop or any examination you are too poor then my foot .

Too more talkative is not a symbol of skil worker.

Those who are like to you they also become yours followers.

But who also quiet not to talk more and more.

You do not do any moment any of time him ignore.

If you do that the same.

yet you belongs from top portfolio but you the shame.

But you do any conspiracy to show him in low.

one day your's word return to you like an arrow.

Please belive me | want to do something.

One day world will must to see you also proud that being.

মানুষ কি সকলে হতে পারে

তারিখ-২৯,০৮,২০২১

জন্ম জন্মান্তরে জলে জংগলে জায়গায় জাযগায়।

জাগ্রতে জেগে জেগে জল্পনার জলন্ত জামানা জান্তব হায়!

পরিবেশে পাশবিক পরিসরে পরতে পরতে ও পলে পলে।

পাথর ও পাষাণীরা পরেতে পশুতে পরিনত পরশে পরান নেই প্রাণে।

কর্ম কুশলতার কর্মী কখনও কুজনে করেনা কূজন করতে করিৎকর্মা।

কেনো তবে কাবুল কলকাতায় কাজের জন্যে করতে কর্ম গরলে গরমা।

প্রতিহিংসা পরায়ণে প্রতিবাদে পুরস্কার পুরো পরান পরকালে।

পশুতে ও পাষাণী তবে পার্থক্য কোথায়? পরিবেশ আজ পাতালে।

মানুষ তো তারাও মানবতায় মানবিক হওয়া তো আজ মন্বান্তরে।

মাতনে মাতিয়েছো মাতন মনের মরমে মারিয়া মর্ম মাযা মমতা মন্ত্ররে।

হিটলারের হটকারিতায় হয়েছিল হারাম হারেমেতে হলুস্থুল।

হটাৎ হটাৎ হরেক রকমের হনুমানে হনসুদ্বীপ হবে হালুয়াতে হুল।

কে তুমি মায়াবীনি ?

(চর্তুদশপদী অমিত্রাক্ষর ছন্দে লিখিত)

তারিখ-২৮,০৮,২০২১,

কে তুমি মায়াবীনি পলকে পুলকিত
কর মোর হৃদয়াঙ্গন; অতঃপর
হরষে কর হরন সমস্ত হৃদয়
লুকিয়ে যাও কোন অন্তরালের পথে
হারিয়ে খুঁজি তোমায় বারংবার এ
পথে ও পথে এই বিশ্বমাঝারে বার
বার। কেন ? তুমি যদি থাকবেই দূরে
অন্তরালের কোনো স্বপ্নপুরীতে তবে
কেন করো এইরূপ আচরণ মম
সাথে ? বুঝিতে নারি তব মনবাসনা
প্রিয়তমা মম। কোন অজ্ঞাত কারনে
বিরহের বাঁশি বাজিয়ে মাথুরেতেই
মথিতো করে মলয়ে মাতিয়ে মাতাও
মায়াকানন তব হৃয়দাঙ্গনে হায় !

মুখোস

তাং-২২,০৪,২০২১

মুখোসের মর্ম মরমেই মোদের ছিল মোহিত মাঠে ময়দানে,

আঁখিপাতে অধুনা হতনা অবলোকিত আমাদের অশরীরিতে অবস্থানে।

রাজধানির রাজনীতিতে করতে রাজ্যজয় রণভূমি ও রমণে,

আইনের আইকনরাও করে আগমন আপামরে আননে মুখোস পরিহীত আসনে।

বিচারকরাও পায়না বিসুদ্ধ বায়ু মুখসে ঢাকা বিবেক,

প্রথম থেকেই প্রথামত নিয়ে পণ করেন পরি মুল্যায়ন নিয়ে পরম ভেক|

অফিস,আদালত অধ্যায়ণশালাতে আবাহমান কাল ধরেই মুখোসের আপদ দল|

যোগ্যতমরা হারায় যোগ্যতা যত্রতত্র যখন যেখায় যেরকমের যাঁতাকল।

মিষ্টিমুখী রা মিশিয়ে মধু মিশ্রি মোদের করে মোহিত মৌবনে,

অন্তরের আদিমতায় মুখোসের আদলে করে অবসান অপমানে।

এতদিন এমনকরে এমনি এমনি ভাবেই মুখোস ছিল এতিন,

কঠিনের কারবারে তিনি কভারে দেখায় করিশ্মা এই কতদিন।

অন্তরালে মুখোসের অসাধু,অপকর্ম

অসৎ উপায় অবলম্বনে,

ঢাল হয়ে ঢেলে দিত যত ঢাক গুড়গুড় হত ঢলে মসে একাকার ঢলনে।

মুখোস তুমি করো মুখরিত মোদের করো মহৎকাজ,

অদৃশ্যতে বা দৃশ্যতে আমরা যেন হই অপরের অবনী তবেই আনন্দলোক আজ

কালবৈশাখী

তাং-২২/০৪/২০২১

কালবৈশাখীর করাল থাবায় ঢেলেছে বিষ কঠিনের কর্কট কামড়,

কোথাও কারও কাহারো নেই করিশ্মা কাঙ্গালেরা কাতারে কাতর।

জীবনের জীবন জ্যোতি জ্বলেনা জাহানে

জমকালোতে,

জায়গা,জমিনেও ধরেছে জরা জর্জরিত জাতী জগতে।

প্রতিবৎসরের প্রারম্ভিকে হয় পরিচয় তব পরতে পরতে,

অশুভ সবের করে অবসান জানাও আগমনী আগামেতে।

এইবারে এইক্ষনে এমন এমনতর কারনে কেন করো এতিন,

এণাক্ষিরা এখন এমতবস্থায় এতই একলা এই এদ্দিন।

তোমার তুমিত্বে তব কি তমসার তালুক তথায় ?

তবে কেন তড়িৎগতিতে তরীপার করোনি তোমাতে তোমায় ?

সবকিছুতে সবেমিলে শবের সমাহারে কি করিবে শশ্মান ?

সমাজ তবে কেমনে সমাজে হবে সমবেত করবে সকলের সংস্থান ।

বৈশাখীঝড় তুমি তোমার বৈভবে করেছ বৈসম্য হয়েছি বৈদেশিক,

বিষয়ের বিষয়ে বিদায় করো বিভেদ বৈষম্য করে তোলো বৈয়্যাষয়িক ।

অখন্ড অবসর

তাং-৩০,০৪,২০২১

অখন্ড অবসরে আমি তো অদিতি অপূর্ণ অর্দ্ধসমাপনে অদ্বিতীয় ।

অন্তরালের আগমনের হেতু আসমানে অগনিত অপে আমি অপেয় ।

তুমি তো তোমার তুমিত্বে তথায় তপবনে তাল তমাল তাপসে ।

তুমি তো তড়িৎগতিতে তমোগুনে তাড়াও তমসা নক্ষত্র তিথিতে ।

নিভৃতে নিরালায় আমি নিশিদিন নয়নে হেরি নভোতল ।

নিরাশায় নেই নিন্দ্রা নিপুঁন হস্ত আজি নেয়না ন্যায়দন্ড যেন নিশাদল ।

এত কাছে থেকেও তুমি নেই

তাং-১০,০৩,২০২১

অনুভবে হই অনুতপ্ত অনুমানে করি অনুসরন অবিরাম।

পাথর প্রতিমায় প্রতিষ্ঠিত তুমি প্রতিদিন করি প্রার্থনা তবু নেই পরিনাম।

নিঠুর তুমি নিভৃতে নিশিদিন নিয়তির নিবারনে নাও নতুন নিশান ।

আমি যে অমৃতের করি আহ্বান অসাড়ে তবু অমিয় অযত্নে অম্লান।

চেতনায় চেতন তুমি চক্ষুতে চশমা চড়িয়ে চারিদিকে খাও চর্কিপাক।

ভক্তদের ভয়ে,ভন্ডামী,ভর্তুকিতে করবে ভর্ত্তি ভবন দিয়ে পাতাশাক।

তবুও ভালোবেসে যাবো

তাং-১৩,০৩,২০২১

ভালোবাসা নিবে প্রিয়তমা মম,

কবে যে তোমায় জডিয়ে ধরে করব আদর অধিকতম |

জানি একদিন তুমি বলবেই আমায় আমিও ভালোবাসি,

সেই শুভ লগনের জন্য না হয় প্রতীক্ষায় বসে আছি।

স্বপ্নতরী

জানি তো আজ তুমি এভারেষ্টের চূড়ে,
দৃষ্টি তোমার হয় দৃশ্যত সূদূর বহুদূরে।
দূর আকাশে লক্ষত্ররাজির লুকোচুরি তে তোমার নিবেশিত মন,
হাতের পাশে রঙ্গীণ প্রজাপতিতে নেই তোমার অবলোকন।
কর্মযজ্ঞে দর্শাতে কর্মক্ষমতা কোটি কোটি মুদ্রা কর ব্যয়,
অবাঞ্ছিত সময় তাতে হয় অপচয় শরীর ও মনের করে যাচ্ছো ক্ষয়।
তোমার চিন্তাধারার চিন্তনে আসে না সেই চিন্তা প্রিয়তম মোর,
সেই অর্থ ও সময় যদি করতে ব্যয় পেতে পারতে চিরন্তণ বাহু ডোড়।
সেই ডোড়ে হয়ে বন্ধিত যেন মানিক জোড়,
শত ঝঞ্ঝা শত তুফান করতে পারত না ক্ষতি হয়ে ভুঁই ফোর।
দৃষ্টি তোমার হোক আরোপিত তোমার পদতলে,
দেখবে তোমার শত শত শুভনুধ্যায়ী এখনও পতিত অথৈই জলে।
ধানের শিষের সৌন্দর্য্য ও প্রজাপতি ডানায় নিজেকে মেলে ধর প্রিয়তম,
দেখবে তোমার মাটি হয়েছে সতেজ ছড়ায় সৌরভ হবে কর্মক্ষম।
তবুও আমি ভালোবাসি তোমায় সমস্ত হৃদয় দিয়ে,
ভুল পথ থেকে এসো সরে দেখবে তোমার জগত কেউ যায় নি নিয়ে।

শ্রেণীবদল নয় দিন বদলের কথা বলুন

তাং-১৭,০৩,২০২১

বৈশাখী মেলা বসেছে গো-

আসুন না সকলে জামাপ্যান্ট বদলে ফেলে নিজেকে শোভনীয় করে তুলি।

দেখবে তুমি আরো কত স্মার্ট হয়েছো নতুন জামাকাপড়ে,

নতুন শ্রেণীতে গিয়ে।

শ্রেণী শিক্ষক রোল কলের খাতাটা বগলে চেপে শ্রেণীকক্ষে

প্রবেশ করে নাম ডাকতে থাকে,

শ্রেণীকক্ষের আবহ কিন্তু পিন ড্রপ সাইলেন্সে,

শিক্ষক মহাশয় ও একটু অবাক,

১-২০ মধ্যে এই বিদ্যালয়ের কোন ছাত্রছাত্রী নেই!

সব ভিন্ন বিদ্যালয় থেকে আসা ?

অনেকে আবার এই বিদ্যালয় থেকে অন্য বিদ্যালয়ে,

আবার পুনরায় এই বিদ্যালয়ে এসে নামটি খাতায় তুলতে না পেরে,

অভিমানে আবার পুরাতন বিদ্যালয়ের পথে।

এরা কিন্তু নামী ছাত্র/ছাত্রী না,

প্রত্যেকেই বিত্তশালী পরিবারের সু-সন্তান তো,

তাই বাৎসরিক মোটা অনুদানের ভিত্তিতেই,

তারা ১-২০ এর মধ্যে নামটি অন্তরভুক্ত করে।

কিন্তু ঐযে মেয়েটি এশা ঘোষ,

কল্পনা মার্ডি,

অমল পাহান,

ইদ্রিস আলী,

অহোরাত্র কঠোর পরিশ্রম করে,

জাতীয় ও আর্ন্তজাতীক খেতাব অর্জন করে,

বিদ্যালয়ের মান মর্যাদা বাড়িয়ে দেয়,

যারা দলবদল নয়,

দিন বদলের কথা বলে,

তাদের কোন কথা নেই,

নেই কোন মিডিয়া কভারেজ,

কিন্তু হায়!

কোন মধুপ কোন ফুলে কতাটা মধু খেয়ে,

অন্য ফুলে করে গমন,

কাদের অনুরাগ-পূর্বরাগ পর্ব চলছে,

কাদের চলেছে বিরহ,

কারও আবার ভাবসম্মেলনে ভাবিত হয়ে,

কিভাবে কৃষ্ণ দর্শন পুনরায় হবে,

তার জন্য নিজ কক্ষে কন্টক প্রোথিত করে পদচালনা করতে গিয়ে,

পা ভেঙ্গে কৃষ্ণের দৃষ্টি আকর্ষণের ব্যর্থ প্রয়াস করতে ব্যস্ত,

সেইদিকেই ব্যস্ত ক্যামেরার অভিমুখ।

হায় !

আমরা নাকি রামমোহন,

বিদ্যাসাগরের যোগ্য উত্তরসূরী।

ভাবতে অবাক লাগে,

আমরা কি এখন অন্ধ ও বধির ?

যেখানে শ্রেণীবদল (দলবদল) বেশী প্রাধান্য পায়,

দিনবদলের কথা কেউ শুনতে পায় না।

সত্যি সেলুকাস,

অবাক করলে তুমি !

ইতিহাস ও ভূগোল

তাং-১৮,০৩,২০২১

দর্শনের ছাত্র নই বটে,

ইতিহাসের ইতিবৃত্তের ইতি অনেক দিন আগেই টেনেছি,

তবুও কেন যে মনের সৌরজগতে,

আজ পৃথিবী নামক গ্রহের অবস্থানে,

ভারতবর্ষ নামক দেশটির অবস্থান কিছুটা হলেও একটু আবছা মনে হচ্ছে,

জানিনা মনের ভ্রম কিনা।

পাশ থেকে ভূগোল আমাকে কানের কাছে এসে সেই সকাল থেকে বিড়বিড় করেই চলেছে,

তার মাথা মুন্ডু কিছুই আমার বোধগম্য হচ্ছে না,

বাধ্য হয়েই পাশের বাড়ির থেকে ইতিহাস কে ডেকে নিই,

ইতিহাস কে দেখে ভুগোলের তো,

মাথায় রাগ উঠে গিয়ে আমাকে যা মুখে আসে তা নিয়ে গালিগালাজ করতে শুরু করে।

ইতিহাস তো তার এইরূপ দর্শনে

হতভম্ব।

আমি কিছু বোঝার আগেই-

ভূগোল বলে ওঠে,

আমি বর্তমান,

আমার কথা তোর বিশ্বাস হচ্ছে না,

তাই তুই মৃত ইতিহাসকে নিয়ে এলি তোর সাক্ষী মানতে ?

ও তোকে কি বলবে ?

সব বস্তাপচা ইতিহাস,

তাই তো আজ তার ডানহাত ও ডানপা কেটে বাদ দেওয়া হয়েছে।

ও তো ক্যানসারের রুগি,

মরেই যাচ্ছিল,

হাত পা কেটে দিয়ে কোন রকমে,

বেঁচে আছে আর কি।

এতক্ষন ধরে ইতিহাস তার কথা চুপচাপ শুনছিল,

এইবার নিজেকে ঠিক রাখতে না পেরে,

চিৎকার করে বলে উঠল,

বেইমান,

আজ আমার এই অবস্থা তার জন্য দায়ী কে ?

তুই তো ভূগোল,

তোমাতে বসতি করে সেই সব মনুষ্য,

যারা মানব জাতীর কলঙ্ক,

কিরে মানব সভ্যতাকে ধ্বংস করে গুহাবাসীদের জীবনে নিয়ে যাওয়া যায়,

সেই কাজ তারা অনন্ত কাল ধরেই করে চলছে।

আর তোর মদতেই আজ আমার এই করুণ পরিস্থিতি,

তাই তো আমি আজ করি বিরাজ,

ভারতের দ্বিখন্ডিত ইতিহাস রূপে।

আর আজ তোর মুখে এই কথা মানায় না,

বেইমান, মির্জাফর !

আজ আমি অঙ্গহীন হয়ে বাড়িতে আছি,

তবুও বেশ আঁচ করতে পারছি,

তোর অবস্থা ও শেষ বয়েসে আমার চেয়েও অনেক,

অনেক বেশী করুণ হইবেই,

আমি তা নিশ্চিত করে বলতে পারি।

আমি তবুও তো এক সাইড বাদ দিয়ে ক্রেচে ভর করে চলতে ফিরতে পারছি,

আর তোর কি হবে জানিস ?

যাকে নিয়ে তুই ঘর করছিস,

তোকে একদিন বেঁচে দেবে,

কিসের মেলা খেলা বাসিয়েছিস যে,

পাঁচ বছর পর পর,

ঘোটের মেলা তাতে।

তোর অবশিষ্ট আর থাকবে না।

না ভূমণ্ডলে,

না ভারতে,

এই তোকে বলে রাখলাম,

মিলিয়ে নিস আমার কথা।

এই যেন "ঘুটে পোড়ে আর গোবর হাসে আরকি ! ?

এখনও যদি বাঁচতে চাস,

আমাকে দেখে শিক্ষা নে,

আর তোর বাড়ির লোকজনদের চরিত্র পাল্টিয়ে দে,

নইলে আমি তো অবশিষ্ট ইতিহাসে রূপে স্থান পেয়েছি,

পরিশিষ্টতে ও তোর স্থান হবে না।

এই ভবিষৎ বাণী করে গেলাম।

শিরদাঁড়াটা সোজা রেখো বন্ধু

তাং-১৯,০৩,২০২১

শিরদাঁড়া টা কোথায় রেখেছো বন্ধু?

স্বপ্নতরী

বিকিয়ে দিলে নাকি কোন উৎসবের মেলাতে ?

সোজা হয়ে এতদিন তোমাকে প্রতিবাদ করতে দেখেছি,

সেই যে প্রত্যুষ কাল থেকে তোমার বাড়ির সামনে সমানে জটলা দেখেছি।

কারো শিরদাঁড়ায় ধরেছে ক্ষয়,

কারো বা রিকেট রোগে পুরো অস্থিতন্ত্র এর অস্তিত সংকটে।

রীতিভেদে নিময় করে টোটকা দিয়ে,

ম্যাজিকের মত সকল কে সুস্থ করে তুলেছিলে,

আর আজ !

তোমার এই অবস্থা !

কি আর করবি ভাই রমেশ,

দেখছিস তো ,

প্রচন্ড বায়ু দূষনের ফলে,

চারদিকে আজ ঘন কুয়াশায় ঢাকা,

দিবাকরের দৃষ্টিও আজ পক্ষপাতিত্ব করে,

তার উপর ঠান্ডা কনকনে আবহে উত্তরের হাওয়ার তান্ডব নৃত্য তো-

শুধু শিরদাঁড়াই নয় সমস্ত রকম হাড়ের সহ

বিবেক ও আজ অস্তিত সংকটে,

তাই বুঝি আজ তুই,

জলৌকা বা কেঁচোতে পরিনত ?

যে পলাশ এতাদিন,

স্বপ্নতরী

সোজা হয়ে দাঁড়িয়ে এই ধরা কে রঙ্গীন করে তুলত,

একটু উষ্ণতা পাবার জন্য,

দূর-দূরান্ত থেকে অনেক বৃক্ষরাজি তোমার একটু সান্নিধ্য পাবার আশে,

উদগ্রীব হয়ে থাকত,

আজ সেই অমেরুদন্ডীতে পরিণত।

সত্যি ভাগ্যের কি করুণ পরিহাস!

একে তুমি কি বলবে?

বিধির লিখন?

না দুষ্টের পালন?

শিরদাঁড়াটা হারিয়ে ফেলনা বন্ধু,

প্রয়োজনে সকাল-সন্ধ্যায়,

একটু করে হাঁটাচলা করো,

দেখবে দূষিত আবহ তোমার ক্ষতি করতে পারবেনা,

কারণ সেই সময় দূষিত বায়ুর পরিমান একটু হলেও কম থাকে।

শিরদাঁড়াটা সোজা রেখো বন্ধু।

বেইমান

তাং-২১,০৩,২০২১

বেইমান,মির্জাফর,বিভীষণ,গদ্দার,

বিশ্বাসঘাতক আরও অনেক শব্দবন্ধের ব্যবহার।

তুমিই করেছ তোমার কার্যাবলীর মধ্য দিয়ে বারংবার।

তাদের সংগে করেছিলে ঘর জানতে তুমি সব।

এখন তারা পেতেছে অন্যত্র সংসার তবে এখন কেনো করো সেই রব।

খারাপ যদি ছিলই তারা তোমার সংসারে।

তখন কেনো দাও নি করে বের কোন আচারে ?|

এক দশক ধরে খুঁজেই চলেছি

তাং-২১,০৩,২০২১

খুঁজেছি তোমায় দশক ধরে

সুদূর আন্টার্টিকার পথ দিয়ে

মরু সাহারায়,

আমাজনের গহীন জঙ্গল হয়ে

বিস্তূর্ণ পম্পাস ভূমি করে বিচরণ

গ্রীনল্যান্ডের শীল পেঙ্গুইনে হায় !

উত্তর ও দক্ষিণ মেরুর নিশিও

হয় সমাপণ

ছয় মাস অন্তরে,

এই নিশির কুহক হয়না

সমাপণ

তারার তিমিরে !|

কোন অজানা সৌরজগতে

লুকিয়েছ তুমি

খুঁজি জনম ভর,

তোমার আলোর দীপ্তি শিখায়

স্বপ্নতরী

জ্বালিয়ে মানস প্রদীপ

তবুও পাইনি উত্তর।

শুনছি তোমার উত্তরসূরীদের

উপর অপর্ণ করেছো

নাকি সব কিছু,

সিঁড়ি বেয়ে নামবে তো নীচে একবার

তোমার পুতুল বিয়ের আয়োজন

হবে না তো মিছু ?

সেই সিঁড়ি টি একবার

দাও তো খুলে

আমাদের সকলের জন্য,

সবাই আমরা উঠে গিয়ে

করি দর্শন তোমায়

খায়াবো পরমান্ন।

বিরহের আগুনের পরিতাপে

মরছি মোরা ঝাঁকে ঝাঁকে

মিলনের পরম সুখের আশে।

কোন সৌরজগতের কোন গ্রহে

তোমার অবস্থান বলো মোদের

সিঁড়ি বেয়ে যাবো তোমার পাশে।

একটু সময় হবে বন্ধু ?

তাং-২৮,০৩,২০২১,

একটু কি সময় হবে বন্ধু ?

তোমার ব্যস্ত সময় থেকে ?

রাস্তা দিয়ে তো হেঁটেই চলেছো,

হোঁচট খেতে খেতে,

তবুও-------!

ভারী বিশ্ময় জাগে মনে,

কতক্ষন থাকবে আর আনমনে ?

দেখেছো কি কাকের বাসায়

ডিম দেয় কোকীল সেই-ই-

আবাহমানকাল ধরে ?

দেখেছো কি বন্ধু পথে

কত পটেকমার,

চেন টেনে যতই থাকো তুমি.

কোন মাধ্যাকর্ষণ শক্তিতে

ফাঁকা হয়ে যায়।

সময় করে সময় মত

অসময়কে আড়াল করে,

চোখকান একটু রেখো খোলা

কোন জাদু মন্ত্র বলে

হচ্ছে হাপিশ সব যাতাকলে।

এই ম্যাজিসিয়ানের মায়াজালে

রচিত ইন্দ্রজালে,

নিজেই তিনি অদৃশ্য হয়ে

দেখান ম্যাজিক তবু আমরা

দর্শক হই অবাক করিনা বিশ্লেষন।

একটু সময় হবে বন্ধু

একটু খতিয়ে দেখার,

অফিসবাবু যে চিঠিটি তো পড়ে দিতে পারে নি,

যেটা তুমি তোমার পাড়ার পাঁচ মাথার মোড়ে

বিল্টু চপের দোকান করে,

বলেছিল দে তো দেখি কি লিখা আছে তাতে,

প্রথমে একটু তাচ্ছিলের সহিত,

পরে তোমার অবাক হবার পালা।

একটু সময় করো বন্ধু,

যখন রাস্তা দিয়ে হাঁটো

পঞ্চইন্দ্রিয়ের পঞ্চত্ব প্রাপ্তি না ঘটলে

শুনতে পাবে গ্রীনরুমে সিরাজউদ্দৌলা ও

রর্বাট ক্লাইভ একটি কল্কে তে

গঞ্জিকা সেবনে ব্যস্ত।

একটু সময় হবে বন্ধু,

যদি কান খাড়া করে একটু যদি

গ্রীমরুমের পাশে যাও,

শুনতে পাবে কিরে সিরাজ ?

কত মহিলা দর্শকের চোখের জল আনতে পারলি ?

প্রতি উত্তরে সিরাজ বলবে,

মহিলা দর্শকের কথা তোকে চিন্তা করতে হবে না ক্লাইভ,

তুই পুরুষ দর্শকের কথা ভাব।

বিভাগ-কবিতা

পুরাণ কথা আজ বাস্তব

তারিখ-০১,০৯,২০২১

ভান্ড হাতে মা ভবানী ভুবনে ভুলভুলিয়াতে ভুন্ডল।

পুরাণ বর্ণিত পুরাকথা নয় তো পূর্বতন পরতের পলকে পলকে পঙ্কিল।

মহামায়ার মহিমাও মর্ত্তে মরমে মজিয়া মরে মাঠে ময়দানে|

নীলকন্ঠ তো গরল পানে নীল নীলিমা তে নীল নিশানে।

তখন তথায় ছিল পঞ্চানন তাই মন্থনের বিষ তিনি কণ্ঠেতে করেন তটস্থ।

এখন তো এখানে নীলকন্ঠ বিনা বিষপানে এণাক্ষী

একলব্যরা নাকি নাটকে একপ্রস্থ !

ধনদেবীরা ধনেরদেবী কিন্তু ধন ভিক্ষাতে তারা ধাবিত ও ধর্নাতে।

কেনো কিভাবে কেমনে কপাল কাটিল করাতের করালে কি মতে ?

উন্নয়নের উষ্ণস্রোতে উবিয়া উবিয়া উড়ে উড়ে যায় উরুক্কু উড়ান।

লক্ষ্মীদের কঙ্খিত লক্ষ বেঁধে লাটাইয়ে হয়েছে লম্বিত লক্ষণরেখাতে লালন|

পুরাণে পুরাঘটিত পুরোধারা পরিসংখ্যানে প্রতিশ্রুতিতে প্রতিশ্রুত।

বাস্তবের বলয়ে বয় সেই বায়ু আজ বিষপানেতে বিষম ও বিদগ্ধ।

তুমি আসবে তো ?

(অমিত্রাক্ষরে চতুর্দশপদী)

তারিখ-০২,০৯,২০২১

প্রায় চারবৎসর অতিক্রান্ত;তুমি
সেই-ই যে প্রস্থান কঠিনের ভয়াল
ভয়ার্ত আতঙ্কের অজুহাতে,আজও
আগমনের বার্তা দিতে পারোনি কবে
ফিরবে তুমি ? তোমার আগমনী বার্তা
এখনও অবধী কর্ণগোচরে কেনো
অধরা বলতে পারো তুমি ? আমরা যে
তোমার প্রতিক্ষায় প্রতিক্ষীয়মান ও
অপেক্ষায় দিন গুনছি কবে তোমার
ঘটবে আগমন। বাতাবরণে বার্তা
প্রেরিত করে প্রেরণায় প্রাণ প্রোথিত
পুনরায় পরাণে ! তবে কি পরশের
পসার পর্যন্ত পরিশানে পরিজন ?
কেমনে কইবে কথা কিভাবে কখন ?